Penguin Random House

REVISED EDITION
Editors Olivia Stanford, Anwesha Dutta, Shambhavi Thatte, Shalini Agrawal
Editorial assistant Amina Youssef
US Senior editor Shannon Beatty
US Editor Elizabeth Searcy
Senior art editor Ann Cannings
Art editors Jaileen Kaur, Kartik Gera
DTP designer Bimlesh Tiwary, Jaypal Singh Chauhan, Vikram Singh
Jacket co-ordinator Francesca Young
Jacket designer Suzena Sengupta
Managing editors Laura Gilbert, Alka Thakur Hazarika
Managing art editors Diane Peyton Jones, Romi Chakraborty
CTS manager Balwant Singh
Senior producer, pre-production Nadine King
Producer Isabell Schart
Art director Martin Wilson
Publishing director Sarah Larter

Translator Débora Staryfurman

ORIGINAL EDITION
Senior editors Hannah Wilson, Julie Ferris
Project editor Anna Harrison
Editor Elise See Tai
Art editors Ann Cannings, Emy Manby
US Editor Elizabeth Hester
DTP Designer David McDonald
Production Harriet Maxwell
Translator Candy Rodó
Managing editor Scarlett O'Hara

First American Edition, 2005
Published in the United States by DK Publishing
1450 Broadway, Suite 801, New York, NY 10018

DK books are available at special discounts when purchased in bulk for sales promotions, premiums, fund-raising, or educational use. For details, contact:
DK Publishing Special Markets, 1450 Broadway, Suite 801
New York, NY 10018
SpecialSales@dk.com

Printed and bound in China

A WORLD OF IDEAS:
SEE ALL THERE IS TO KNOW

www.dk.com

Contents

There is a question at the bottom of each topic page...

How to use this dictionary

At the beginning of the book there are topic pages. These include lots of useful words on a particular subject, such as "Pets" and "In the park." Each word has a translation and instructions on how to pronounce it. The words on the topic pages can be found in the English A–Z and in the Spanish A–Z. There are lots of other useful words here, too. The verbs section can be found after the A–Zs. At the back of the book, there is a list of useful phrases to help you practice Spanish with your friends. On page 113 you will find a pronunciation guide.

Topic heading

Spanish entry word

Spanish pronunciation

English translation

These are extra words to learn on this subject.

The first word on the page is provided with the Spanish translation.

This shows the first letter or letters of the words on the page.

English entry word

Spanish translation

Spanish pronunciation

Topic pages

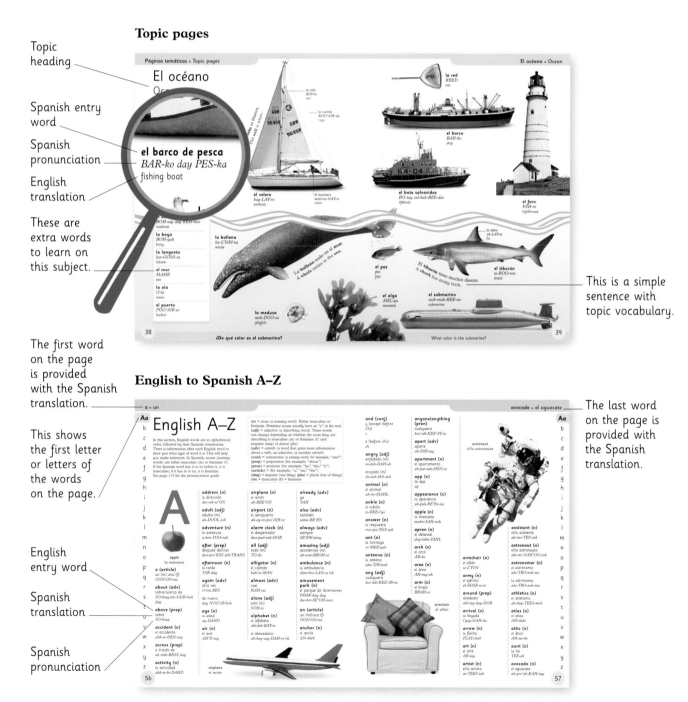

This is a simple sentence with topic vocabulary.

The last word on the page is provided with the Spanish translation.

English to Spanish A–Z

...check here for the translation.

Acerca de mí
All about me

Esta es **mi familia**.
This is **my family**.

la bebé
beh-BEH
baby

el padre
PAH-dray
father

la madre
MAH-dray
mother

la niña
NEE-n'ya
child

Soy **alta**.
I'm tall.

el hermano
air-MAH-noh
brother

la hermana
air-MAH-nah
sister

Extra words to learn

los amigos
ah-MEE-gohs
friends

la hermanastra
air-mah-NASS-trah
stepsister

el hermanastro
air-mah-NASS-troh
stepbrother

la madrastra
mah-DRASS-trah
stepmother

el padrastro
pah-DRASS-troh
stepfather

el abuelo
ah-boo'AY-loh
grandfather

la abuela
ah-boo'AY-lah
grandmother

los abuelos
ah-boo'AY-los
grandparents

la tía
TEE-ah
aunt

el tío
TEE-o
uncle

¿De qué color tienes los ojos?

Extra words to learn

la cara
KAH-ra
face

la ceja
SAY-Hah
eyebrow

el codo
KOH-do
elbow

el cuello
KOO'EH-l'yo
neck

el diente
DEE'EN-tay
tooth

la espalda
ess-PAHL-dah
back

la familia
fah-ME-le'ah
family

el pelo
PAY-lo
hair

la rodilla
rroh-DEE-l'ya
knee

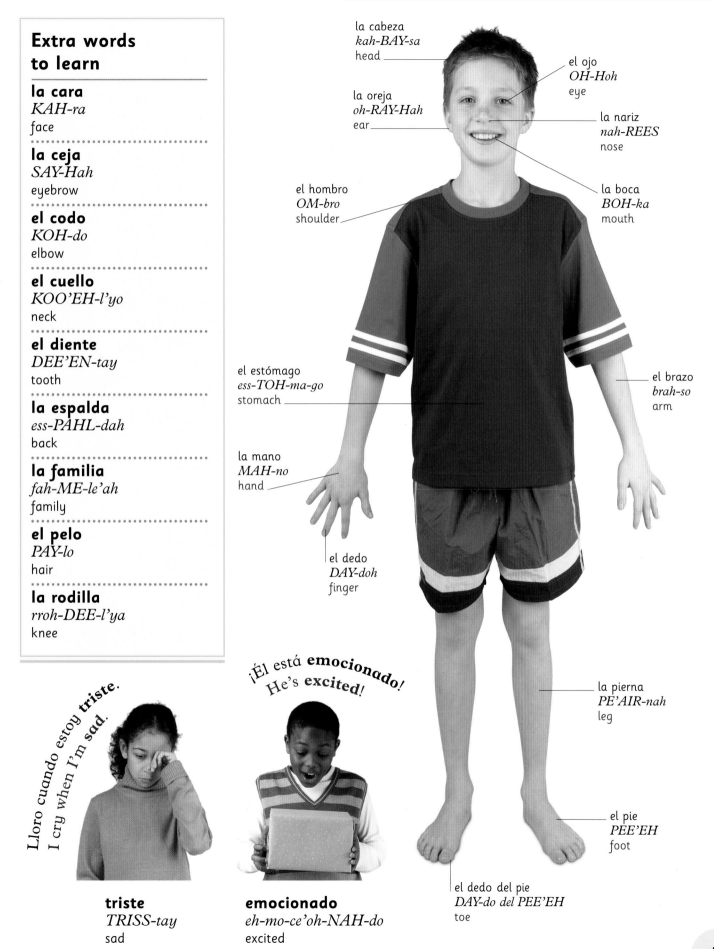

la cabeza
kah-BAY-sa
head

el ojo
OH-Hoh
eye

la oreja
oh-RAY-Hah
ear

la nariz
nah-REES
nose

el hombro
OM-bro
shoulder

la boca
BOH-ka
mouth

el estómago
ess-TOH-ma-go
stomach

el brazo
brah-so
arm

la mano
MAH-no
hand

el dedo
DAY-doh
finger

la pierna
PE'AIR-nah
leg

el pie
PEE'EH
foot

el dedo del pie
DAY-do del PEE'EH
toe

Lloro cuando estoy **triste**.
I cry when I'm **sad**.

triste
TRISS-tay
sad

¡Él está **emocionado**!
He's **excited**!

emocionado
eh-mo-ce'oh-NAH-do
excited

5

What color are your eyes?

La ropa
Clothes

los calcetínes
kal-say-TEE-nays
socks

la camisa
ka-MEE-sa
shirt

el botón
bo-TON
button

los vaqueros
bah-KAY-ros
jeans

Extra words to learn

las botas
BO-tahs
boots

el cinturón
seen-too-RON
belt

las gafas
GAH-fas
glasses

el pijama
pee-HAH-ma
pajamas

la ropa interior
RRO-pa in-tay-RE'OR
underwear

el suéter
SOO'EH-tair
sweater

el vestido
behs-TE-do
dress

el zapato
sa-PAH-to
shoe

la cierre
SEE'EH-rray
zipper

la manga
MAN-gah
sleeve

el bolsillo
bol-SEE-l'yo
pocket

el forro polar
FOH-rroh po-LAR
fleece

Mi abrigo me mantiene calentito.
My coat keeps me warm.

la bufanda
boo-FAHN-da
scarf

el guante
GOO'AN-tay
glove

el abrigo
ah-BREE-go
coat

las zapatillas deportivas
sa-pah-tee-l'yahs day-por-TEE-bas
sneakers

¿Te gusta llevar: zapatos o zapatillas deportivas?

la camiseta
ka-mee-SAY-ta
T-shirt

los pantalones
pan-ta-LOH-ness
pants

los pantalones cortos
pan-ta-LOH-ness
KOR-tos
shorts

el traje de baño
TRAH-Hay day
BAH-n'yo
swimsuit

la capucha
kah-POO-chah
hood

la chaqueta
chah-KAY-ta
jacket

la falda
FAHL-da
skirt

el chubasquero
choo-bas-KAY-roh
raincoat

las katiuskas
kah-tee'OOS-kahs
rain boots

Los **vaqueros** y las **zapatillas** son **mi ropa** favorita.
Jeans and **sneakers** are **my** favorite **clothes**.

La cocina
Kitchen

la sartén
sar-TAYN
frying pan

el plato
PLAH-to
plate

el horno
OR-no
oven

la cocina
ko-SEE-na
stove

la cuchara
koo-CHAH-ra
spoon

la taza
TAH-sa
mug

el libro
LEE-bro
book

el paño de cocina
PAH-n'yo day ko-SEE-na
dish towel

el bol
BOHL
bowl

el cazo
KAH-so
saucepan

¿Qué hay encima de la mesa?

Gracias por **lavar los platos**.
Thanks for **doing the dishes**.

la alacena
ah-lah-SAY-nah
cupboard

el fregadero
fray-ga-DEH-ro
sink

el congelador
kon-Hay-lah-DOR
freezer

Extra words to learn

la bandeja
ban-DAY-Hah
tray

el cubo de la basura
KOO-bo deh lah bah-SOO-rah
trash can

la escoba
ess-KO-bah
broom

el hervidor
air-bee-DOR
kettle

la jarra
HAH-rrah
jug

la lavadora
la-ba-DO-ra
washing machine

la mesa
MAY-sah
table

el tostadora
tos-ta-DOH-ra
toaster

el cuchillo
koo-CHEE-l'yo
knife

el tenedor
tay-nay-DOR
fork

el refrigerador
reh-free-Hay-ra-DOR
refrigerator

¿Te gusta hacer **pasteles**?
Do you like baking **cakes**?

el delantal
day-lahn-TAHL
apron

la manopla
mah-NO-plah
oven mitt

el vaso
BAH-so
glass

9

What is there on the table?

El baño
Bathroom

el peine
PAY'EE-neh
comb

la bañera
ba-N'YEH-ra
bath

*Es divertido hacer **burbujas**.*
*It's fun to make **bubbles**.*

el juguete
Hoo-GAY-tay
toy

el agua
AH-goo'ah
water

*Pongo **pasta de dientes** en **mi cepillo de dientes**.*
*I put **toothpaste** on **my toothbrush**.*

la esponja
es-PON-Hah
sponge

las toallas
to-AH-l'yas
towels

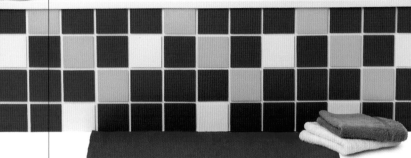

el tubo
TOO-bo
tube

la pasta de dientes
PASS-ta day DEE'EN-tess
toothpaste

el cepillo de dientes
say-PEE-l'yo day
DEE'EN-tess
toothbrush

¿Cuántas cosas amarillas hay en esta página?

Extra words to learn

el cepillo de pelo
say-PE-l'yo day PAY-lo
hairbrush

el enchufe
en-CHOO-fay
plug (bath)

lavarse
lah-BAR-seh
washing

el maquillaje
mah-kee-L'YAH-Heh
makeup

los pañuelos de papel
pah-N'YOO'AY-los day pah-PELL
tissues

la toallita
to-ah-L'YEE-tah
washcloth

el champú
cham-POO
shampoo

el espejo
ess-PAY-Ho
mirror

la ducha
DOO-chah
shower

el papel higiénico
pah-PEL ee-HEE'AY-nee-ko
toilet paper

el jabón
Ha-BON
soap

el grifo
GREE-fo
faucet

el lavabo
lah-BAH-bo
sink

el inodoro
ee-no-DOH-ro
toilet

11

How many yellow things are there on this page?

Mi dormitorio
My bedroom

el despertador
dess-pair-tah-DOOR
alarm clock

la cama
KAH-mah
bed

la almohada
al-moh-AH-da
pillow

el edredón
ay-dray-DON
comforter

la silla
SEE-l'yah
chair

la cómoda
KO-mo-dah
chest of drawers

Duermo en mi cama.
I sleep in my bed.

el videojuego
BEE-deh'o-HOO'AY-goh
video game

Mi gato duerme debajo de mi cama.
My cat sleeps under my bed.

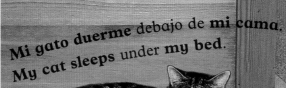

Jugamos a juegos de mesa.
We play board games.

el tapete
tah-PAY-tay
rug

la alfombra
ahl-FOM-brah
carpet

¿A qué hora te despiertas?

¿Qué hay dentro del **armario**?
What is there in the **wardrobe**?

los libros
LEE-bros
books

Sé tocar la **guitarra**.
I can play the **guitar**.

el ajedrez
ah-Heh-DRESS
chess

La **alfombra** es azul.
The **carpet** is blue.

el armario
ahr-MAR-re'o
wardrobe

la guitarra
ghee-TAH-rrah
guitar

la percha
PER-chah
coat hanger

la lámpara
LAM-pah-rah
lamp

el espejo
ess-PAY-Ho
mirror

What time do you wake up?

El jardín
Garden

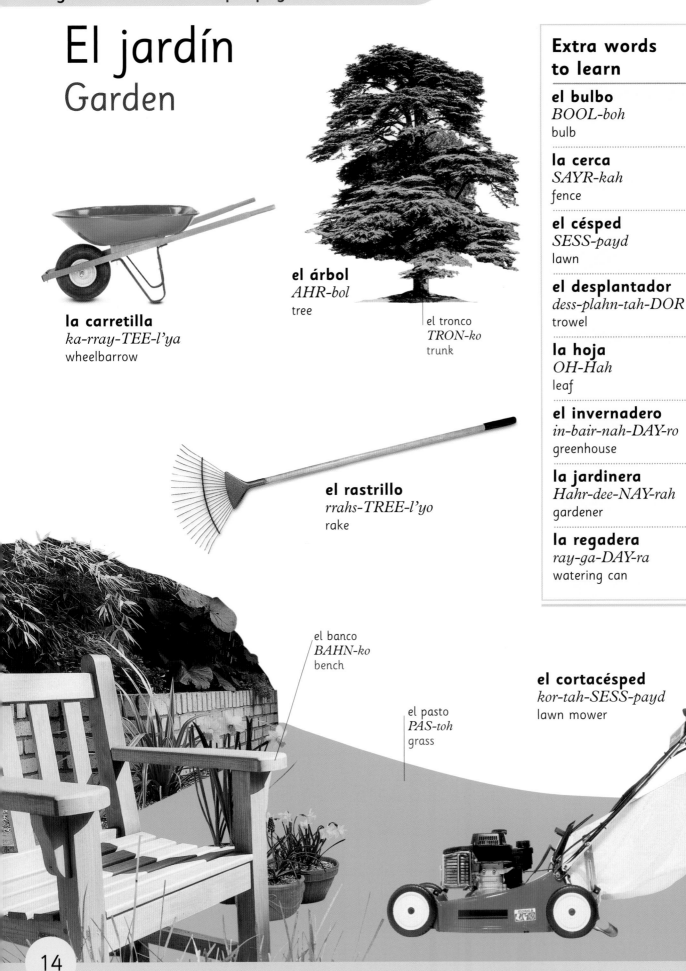

la carretilla
ka-rray-TEE-l'ya
wheelbarrow

el árbol
AHR-bol
tree

el tronco
TRON-ko
trunk

el rastrillo
rrahs-TREE-l'yo
rake

el banco
BAHN-ko
bench

el pasto
PAS-toh
grass

el cortacésped
kor-tah-SESS-payd
lawn mower

Extra words to learn

el bulbo
BOOL-boh
bulb

la cerca
SAYR-kah
fence

el césped
SESS-payd
lawn

el desplantador
dess-plahn-tah-DOR
trowel

la hoja
OH-Hah
leaf

el invernadero
in-bair-nah-DAY-ro
greenhouse

la jardinera
Hahr-dee-NAY-rah
gardener

la regadera
ray-ga-DAY-ra
watering can

¿De qué color es la mariquita de esta página?

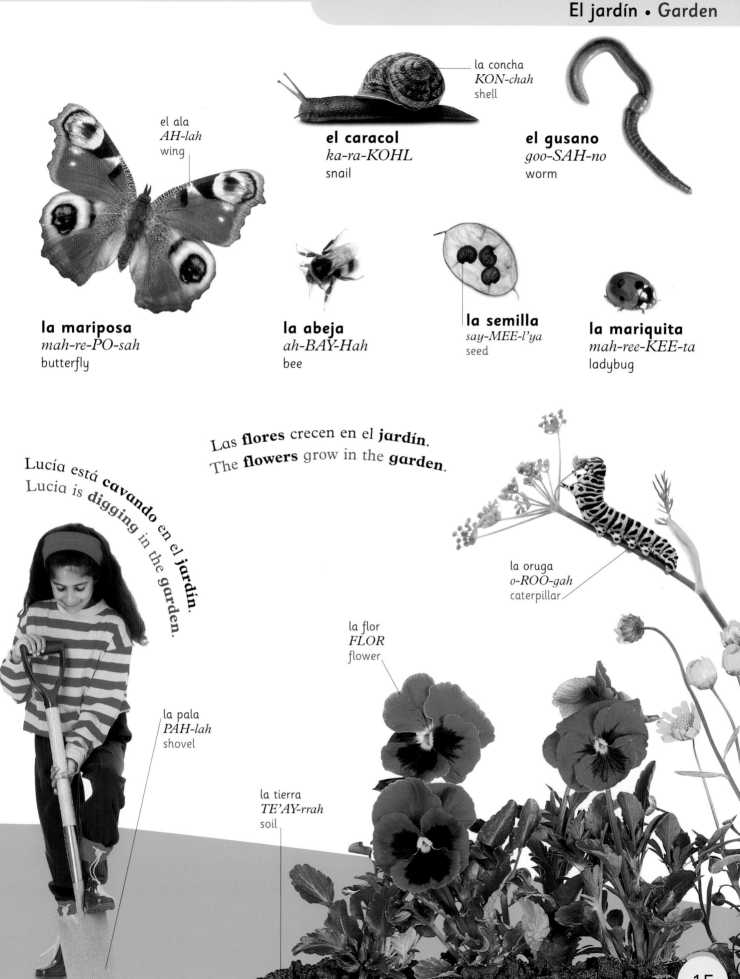

la concha
KON-chah
shell

el caracol
ka-ra-KOHL
snail

el gusano
goo-SAH-no
worm

el ala
AH-lah
wing

la mariposa
mah-re-PO-sah
butterfly

la abeja
ah-BAY-Hah
bee

la semilla
say-MEE-l'ya
seed

la mariquita
mah-ree-KEE-ta
ladybug

Las **flores** crecen en el **jardín**.
The **flowers** grow in the **garden**.

Lucía está **cavando** en el **jardín**.
Lucia is **digging** in the **garden**.

la oruga
o-ROO-gah
caterpillar

la flor
FLOR
flower

la pala
PAH-lah
shovel

la tierra
TE'AY-rrah
soil

15

What color is the ladybug on this page?

En la ciudad
In the city

la casa
KAH-sah
house

el autobús
ah'oo-to-BOOSS
bus

el rascacielos
rass-ka-SEE'AY-los
skyscraper

Las **ciudades** tienen **edificios altos** llamados **rascacielos**.
Cities have **tall buildings** called **skyscrapers**.

el reloj
rray-LOH
clock

la calle
KAH-l'ye
street

los apartamentos
ah-par-tah-MEN-tos
apartments

la tienda
TEE'AYN-dah
store

¿Qué hora es en el reloj azul?

Extra words to learn

el acera
ah-SSAY-rah
sidewalk

el auto
AH'OO-toh
car

la autopista
ah'oo-to-PEES-tah
highway

el banco
BAHN-ko
bank

el café
ka-FAY
café

la fábrica
FAH-bre-kah
factory

el metro
MAY-tro
subway

la parada del autobús
pah-RAH-dah del ah'oo-to-BOOSS
bus stop

el cono de tráfico
KOH-noh deh TRAH-fee-koh
traffic cone

la señal
say-N'YAL
sign

el semáforo
say-MAH-for-ro
traffic light

el cine
SEE-nay
cinema

el poste de luz
POS-tay day LOOSS
lamppost

el cruce
KROO-say
crosswalk

el taxi
TAK-see
taxi

el hotel
oh-TEL
hotel

17

What time is it on the blue clock?

En el parque
In the park

la cometa
ko-MAY-ta
kite

**la cuerda
de saltar**
*KOO'AIR-da
day sal-TAR*
jump rope

el monopatín
mo-no-pa-TEEN
skateboard

las flores
FLOH-res
flowers

el carrusel
ka-rroo-SAYL
merry-go-round

la niña
NEE-n'ya
girl

¡Me encanta **saltar**!
I love **jumping**!

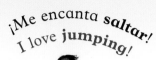

¿Tienes una **cometa**?
Do you have a **kite**?

¿Sabes andar en patineta?

el árbol
AHR-bol
tree

Los **pájaros** hacen **ruido**.
The **birds** are making **noise**.

la mariposa
mah-re-PO-sa
butterfly

el columpio
ko-LOOM-pe'oh
swing

el pájaro
PAH-Hah-ro
bird

la bicicleta
be-se-KLAY-tah
bicycle

Tres **niños juegan** en el **carrusel**.
Three **children** are **playing** on the **merry-go-round**.

la hoja
OH-Hah
leaf

Mi **juego** favorito es el **fútbol**.
My favorite game is soccer.

el niño
NEE-n'yoh
boy

el balón de fútbol
bah-LON day FOOT-bol
soccer ball

el pasto
PAS-toh
grass

19

Can you skateboard?

Los pasatiempos
Hobbies

Mis flores **crecen**.
My flowers are **growing**.

la jardinería
Hahr-dee-nay-REE-ah
gardening

la acampada
ah-kahm-PAH-dah
camping

Estoy lista para ir a **nadar**.
I'm ready to go **swimming**.

la natación
na-ta-SE'ON
swimming

Daniela **practica** cada **día**.
Daniela **practices** every **day**.

tocar un instrumento
toh-KAR oon in-stroo-MEN-toh
playing an instrument

observar los pájaros
ob-sair-BAR loss PAH-Hah-ross
bird-watching

bailar
bah'ee-LAR
dancing

20

¿Cuál es tu pasatiempo favorito?

Extra words to learn

actuar
ahk-TOO'AHR
acting

cantar
kan-TAR
singing

el ciclismo
see-KLEES-moh
cycling

cocinar
ko-see-NAHR
cooking

coleccionar
ko-lek-se'oh-NAHR
collecting

el dibujo
dee-BOO-ho
drawing

la lectura
lek-TOO-ra
reading

el patinaje en línea
pa-TE-na-Hay en LEE-neh-ah
in-line skating

hacer surf
ah-SAIR SOORF
surfing

*En **gimnasia** me estiro y salto.*
*At **gymnastics** I stretch and jump.*

la gimnasia
Heem-NAH-see'ah
gymnastics

sacar fotos
sah-KAR FOH-toss
taking photos

la pintura
peen-TOO-rah
painting

la escritura
ess-kree-TOO-ra
writing

What's your favorite hobby?

La comida
Food

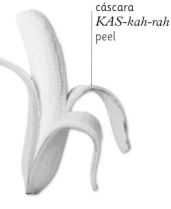

cáscara
KAS-kah-rah
peel

la naranja
nah-RAHN-Hah
orange

la manzana
mahn-SAH-nah
apple

la sandía
san-DEE-a
watermelon

el plátano
PLAH-tah-no
banana

el tomate
to-MAH-te
tomato

la zanahoria
sah-nah-O-re'ah
carrot

la lechuga
lay-CHOO-gah
lettuce

la col
KOL
cabbage

¡Comemos **pasta**!
We are eating **pasta**!

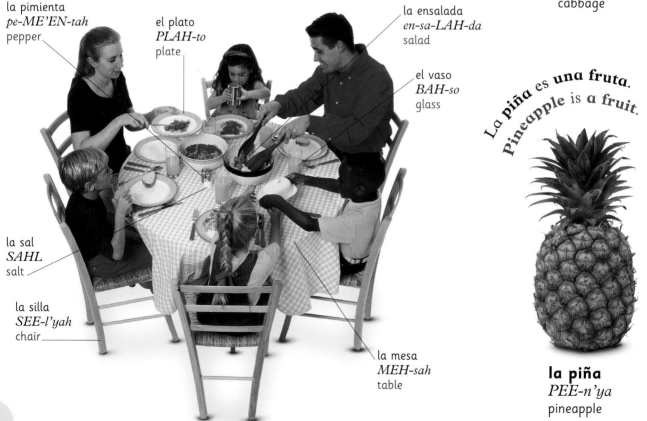

la pimienta
pe-ME'EN-tah
pepper

el plato
PLAH-to
plate

la ensalada
en-sa-LAH-da
salad

el vaso
BAH-so
glass

la sal
SAHL
salt

la silla
SEE-l'yah
chair

la mesa
MEH-sah
table

La **piña** es **una fruta**.
Pineapple is **a fruit**.

la piña
PEE-n'ya
pineapple

¿Qué desayunas?

la papa
PA-pa
potato

el huevo
OO'AY-boh
egg

el yogur
ee'oh-GOOR
yogurt

la leche
LAY-chay
milk

la mermelada
mair-meh-LAH-da
jam

la mantequilla
man-tay-KEE-l'ya
butter

Extra words to learn

el azúcar
ah-SOO-kar
sugar

la cebolla
say-BOH-l'yah
onion

las fresas
FREH-sahs
strawberries

la fruta
FROO-tah
fruit

la galleta
ga-L'YE-tah
cookie

la harina
ah-REE-nah
flour

el pescado
pehs-KAH-do
fish (food)

el pollo
PO-l'yo
chicken

la verdura
bair-DOO-ra
vegetable

el pan
PAN
bread

Me **gusta el pan** con **miel**.
I **like bread** with **honey**.

la miel
MEE'EL
honey

el arroz
ah-RROS
rice

la pasta
PAS-tah
pasta

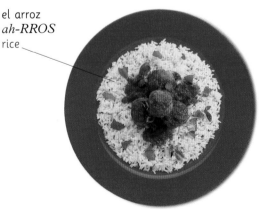

la carne
KAR-nay
meat

23

De compras
Shopping

el precio
PRAY-se'oh
price

el mercado
mair-KAH-do
market

el dinero
dee-NAY-roh
money

la bolsa de la compra
BOL-sah day la KOM-prah
shopping bag

Tengo que **comprar comida**.
I have **to buy** some **food**.

Esperamos en la **cola**.
We are **waiting** in **line**.

el carrito de compras
KA-RREE-toh day KOM-prahs
shopping cart

la cesta
SESS-tah
basket

¿Te gusta ir de compras?

el café
ka-FAY
café

la camarera
ka-ma-RAY-ra
waitress

el pan
los huevos
la leche
la mantequilla
el azúcar
la harina

la lista de la compra
LEES-tah day la KOM-prah
shopping list

el supermercado
soo-pair-mair-KAH-do
supermarket

Ella tiene muchas **bolsas de compra**.
She has many **shopping bags**.

la clienta
klee-EN-tah
customer

la panadería
pah-nah-day-REE-ah
bakery

la librería
le-bray-REE-ah
bookstore

Extra words to learn

el bolso
BOL-so
purse

la caja
KAH-Hah
checkout

la cuenta
KOO'AYN-tah
bill

el dependiente
deh-pen-DEE'EN-teh
salesclerk

ir de compras
EER deh KOM-prahs
to go shopping

el recibo
rray-SE-bo
receipt

la tienda
TEE'AYN-dah
store

el vendedor
ben-day-DOR
shopkeeper

Do you like to go shopping?

En la fiesta
At the party

la bebida
beh-BEE-dah
drink

los sándwiches
SANHD-wee-ches
sandwiches

las tarjetas
tar-HAY-tas
cards

las velas
BAY-lahs
candles

el pastel
pahs-TEHL
cake

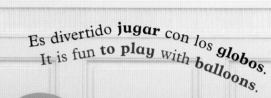

Es divertido **jugar** con los **globos**.
It is fun **to play** with **balloons**.

el mago
MAH-go
magician

¿Ves el **pastel de cumpleaños**?
Can you see the **birthday cake**?

¿Te gusta bailar?

las decoraciones
day-ko-rah-SE'O-nays
decorations

¡Feliz cumpleaños!
Happy birthday!

Quiero abrir los **regalos**.
I'd like to open the **presents**.

los regalos de cumpleaños
ray-GAH-los day koom-play-AH-n'yos
birthday presents

los globos
GLOH-bos
balloons

la cámara
KA-mah-rah
camera

las galletas
ga-L'YE-tahs
cookies

los parlantes
pahr-LAHN-tays
speakers

el helado
eh-LAH-do
ice cream

los caramelos
ka-ra-MAY-los
candy

27

Do you like dancing?

A jugar
Playtime

la computadora portátil
kom-poo-tah-DOH-rah
por-TAH-til
laptop

los dados
DAH-doss
dice

el robot
rro-BOT
robot

la pelota
pay-LOH-tah
ball

el juego de mesa
HOO'AY-go day
MAY-sah
board game

*Juego con mi **tren eléctrico**.*
*I **play** with my **electric train**.*

el lápiz de color
LAH-piss day
ko-LOR
colored pencil

el rompecabezas
rrom-pay-kah-BAY-sas
puzzle

el dibujo
dee-BOO-ho
drawing

el tren de juguete
TREN day Hoo-GAY-tay
train set

Extra words to learn

las escondidas
ays-kon-DEE-das
hide-and-seek

el juego
HOO'AY-go
game

el juguete
Hoo-GAY-tay
toy

el libro
LEE-bro
book

la marioneta
mah-ree'o-NEH-tah
puppet

la máscara
MAHS-kah-rah
mask

la muñeca
moo-N'YEH-kah
doll

el patinaje
pa-te-NAH-Hay
skating

¿Te gustan los juegos de computadoras?

las cartas
KAHR-tahs
cards

el disfraz
diss-FRAS
costume

el MP3
emeh-peh-TREHS
MP3 player

el videojuego
bee-day'oh-HOO'AY-go
video game

el casco
KAS-ko
helmet

¡Se **mueve** muy rápido!
He **moves** very fast!

el patinaje en línea
pah-te-NAH-Hay en LEE-neh-ah
in-line skating

Nos encanta el **tobogán de agua**.
We love the **waterslide**.

el tobogán de agua
to-bo-GÁN day AH-goo'ah
waterslide

el cine
SEE-nay
cinema

el parque de diversiones
PAHR-kay day dee-ber-SE'OH-ness
amusement park

29

Do you like computer games?

Los transportes
Transportation

el transbordador
trans-bor-dah-DOR
ferry

el velero
bay-LAY-ro
sailboat

el avión
ah-BEE'ON
airplane

el taxi
TAK-see
taxi

el camión
ka-ME'ON
truck

la bicicleta
be-se-KLAY-tah
bicycle

El **autobús** lleva a la **gente** de viaje.
A **bus** takes **people** on a journey.

el autobús
ah'oo-to-BOOSS
bus

Al rescate
To the rescue

el coche de bomberos
KOH-chay day bom-BAY-ros
fire truck

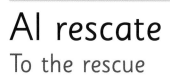

la escalera
ess-kah-LAY-rah
ladder

la llanta
L'YAHN-ta
tire

¿Cuántas ruedas hay en esta página?

la cesta
SESS-tah
basket

Un globo aerostático flota en el aire.
A hot-air balloon floats in the sky.

el globo aerostático
GLO-bo ah-ay-ros-TAH-te-ko
hot-air balloon

el tren
TREN
train

Extra words to learn

el bote
BO-tay
boat

el cohete espacial
ko-AY-tay ess-pah-SE'AHL
rocket ship

la furgoneta
foor-go-NAY-ta
van

el garaje
gah-RAH-Hay
garage

la gasolina
ga-soh-LEE-na
gas

el horario
o-RAH-re'oh
timetable

el/la pasajero/a
pa-SAH-Heh
passenger

el viaje
BE'AH-Hay
trip

el equipaje
eh-kee-PAH-Heh
luggage

el espejo
ess-PEH-Ho
mirror

el auto
AH'OO-toh
car

la rueda
ROO'AY-da
wheel

la motocicleta
mo-to-see-KLAY-tah
motorcycle

**el helicóptero
de la policía**
*eh-le-KOP-tay-ro day
lah poh-le-SEE-ah*
police helicopter

el coche de la policía
KO-chay day lah poh-le-SEE-ah
police car

la ambulancia
ahm-boo-LAN-se'ah
ambulance

How many wheels are there on this page?

Los animales de la jungla
Jungle animals

el colibrí
ko-le-BREE
hummingbird

el chimpancé
chem-pahn-SAY
chimpanzee

el murciélago
moor-SE'AY-lah-go
bat

la hormiga
or-MEE-gah
ant

la mariposa
mah-re-PO-sah
butterfly

el ala
AH-lah
wing

la araña
ah-RA-n'ya
spider

el gorila
go-REE-la
gorilla

la polilla
poh-LEE-l'ya
moth

el cocodrilo
ko-ko-DREE-lo
crocodile

¿Qué animales pueden volar?

el loro
LOH-roh
parrot

El **tucán** come la **comida** con el **pico**.
A **toucan** eats its **food** with its **beak**.

el ojo
OH-Hoh
eye

el pico
PEE-koh
beak

la garra
GAH-rrah
claw

el tucán
too-KAN
toucan

Extra words to learn

el águila
AH-ghee-lah
eagle

el escarabajo
es-kah-rah-BA-Hoh
beetle

el insecto
in-SEK-to
insect

el lagarto
lah-GAR-to
lizard

el mamífero
mah-MEE-fay-ro
mammal

el mono
MO-no
monkey

salvaje
sal-BA-Hay
wild

la selva tropical
SELL-bah tro-pe-KAHL
rain forest

la serpiente
sair-PEE'EN-tay
snake

la rana
RRAH-na
frog

la pata
PAH-ta
foot

las manchas
MAHN-chas
spots

las rayas
RRAH-yahs
stripes

el tigre
TEE-gray
tiger

el leopardo
lay-o-PAHR-do
leopard

33

Which animals can fly?

Los animales del mundo World animals

el pico
PEE-koh
beak

el pingüino
peen-GOO'E-no
penguin

el koala
ko-AH-la
koala

el ciervo
SE'AIR-boh
deer

la pata
PAH-ta
paw

el panda
PAHN-dah
panda

¡La **jirafa** tiene un **cuello** largo!
A **giraffe** has a long **neck**!

el león
lay-ON
lion

la jirafa
Hee-RAH-fah
giraffe

el oso polar
O-so poh-LAR
polar bear

Extra words to learn

el babuino
bah-boo'EE-no
baboon

el búho
BOO-o
owl

el caimán
kah'ee-MAN
alligator

el halcón
ahl-KON
hawk

el lobo
LOH-bo
wolf

el pelícano
pay-LEE-kah-no
pelican

la tortuga
tohr-TOO-ga
tortoise

el zorro
SOH-rro
fox

¿Cuántos pájaros hay en esta página?

El **elefante** sostiene comida con su **trompa**.
An **elephant** holds food with its **trunk**.

el camello
kah-MAY-l'yo
camel

las rayas
RRAH-yahs
stripes

la trompa
TROHM-pa
trunk

la cebra
SAY-bra
zebra

el elefante
ay-lay-FAHN-tay
elephant

el oso
O-so
bear

el canguro
kan-GOO-ro
kangaroo

la cola
KOH-la
tail

la garra
GAH-rrah
claw

el delfín
del-FEEN
dolphin

la aleta
ah-LAY-tah
flipper

el rinoceronte
rree-no-say-RON-tay
rhinoceros

35

How many birds are there on this page?

el tractor
TRAK-tor
tractor

el perro pastor
PAIR-rro pass-TOR
sheepdog

el campo
KAM-poh
field

el trigo
TREE-go
wheat

los corderos
kor-DAY-rohs
lambs

En la granja
On the farm

El **granjero** usa el **tractor**.
The **farmer** uses the **tractor**.

la granjera
grahn-HAY-rah
farmer

la oveja
o-BAY-Hah
sheep

¿Sabes montar a caballo?

la cosechadora combinada
koh-say-chah-DO-rah kom-be-NAH-da
combine harvester

la cerca
SAYR-kah
fence

El **caballo** es café y blanco.
The **horse** is brown and white.

La **vaca** come pasto en el **campo**.
The **cow** eats grass in the **field**.

el pato
PAH-to
duck

el ternero
tair-NAY-roh
calf

El **pollito** está cerca de **su madre**.
The **chick** is close to **its mother**.

la vaca
BAH-kah
cow

el heno
AY-no
hay

el caballo
kah-BAH-l'yo
horse

el pollo
PO-l'yo
chicken

los patitos
pah-TEE-tos
ducklings

37

Can you ride a horse?

El océano
Ocean

el barco de pesca
BAR-ko day PES-ka
fishing boat

la gaviota
ga-be'OH-ta
seagull

La **vela** es blanca.
The **sail** is white.

la vela
BAY-la
sail

la cuerda
KOO'AIR-da
rope

el velero
bay-LAY-ro
sailboat

el marinero
mah-ree-NAY-ro
sailor

Extra words to learn

el ancla
AN-klah
anchor

el bote de remos
BOH-tay day REH-mos
rowboat

la boya
BOH-yah
buoy

la langosta
lan-GOSS-ta
lobster

el mar
MAHR
sea

la ola
O-la
wave

el puerto
POO'AIR-to
harbor

la ballena
ba-L'YAY-na
whale

La **ballena** nada en el **mar**.
A **whale** swims in the **sea**.

la medusa
meh-DOO-sa
jellyfish

¿De qué color es el submarino?

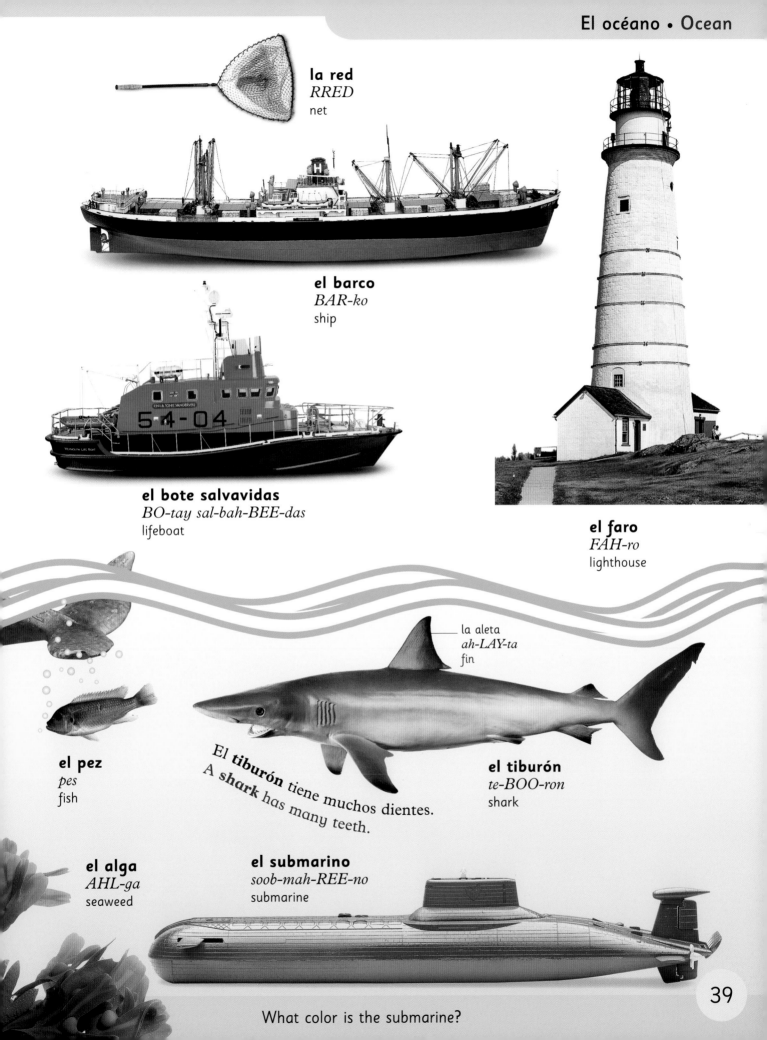

la red
RRED
net

el barco
BAR-ko
ship

el bote salvavidas
BO-tay sal-bah-BEE-das
lifeboat

el faro
FAH-ro
lighthouse

la aleta
ah-LAY-ta
fin

el pez
pes
fish

El **tiburón** tiene muchos dientes.
A **shark** has many teeth.

el tiburón
te-BOO-ron
shark

el alga
AHL-ga
seaweed

el submarino
soob-mah-REE-no
submarine

39

What color is the submarine?

La naturaleza
Nature

Los **nenúfares** crecen en el **agua**.
Water lilies grow in **water**.

el pico
PEE-koh
beak

el pato
PAH-to
duck

la libélula
lee-BEH-loo-lah
dragonfly

el nenúfar
nay-NOO-far
water lily

Muchos **animales** viven cerca de **estanques**.
Many **animals** live close to **ponds**.

la planta
PLAHN-ta
plant

el cisne
SISS-nay
swan

el sapo
SAH-po
toad

40

¿Cuántos nenúfares hay en el estanque?

Los **renacuajos** nadan en el **estanque**.
Tadpoles swim in a **pond**.

la antena
ahn-TAY-nah
antenna

el ala
AH-la
wing

el nido
NEE-doh
nest

los renacuajos
rray-nah-KOO'AH-Hos
tadpoles

la avispa
ah-BEES-pa
wasp

la mosca
MOSS-ka
fly

el búho
BOO-oh
owl

el estanque
es-TAN-kay
pond

la rana
RRAH-na
frog

Extra words to learn

el agua
AH-goo'ah
water

el conejo
ko-NAY-Ho
rabbit

la garza
GAR-sah
heron

el hábitat
AH-be-taht
habitat

la hormiga
or-MEE-gah
ant

el insecto
in-SEK-to
insect

la mala hierba
MAH-la EE'AIR-ba
weed

el pájaro
PAH-Hah-ro
bird

41

How many water lilies are there in the pond?

En la playa
At the beach

el balde
BAHL-deh
bucket

el alga
AHL-ga
seaweed

el cangrejo
kan-GRAY-Ho
crab

la concha
KOHN-cha
shell

los guijarros
ghee-HAH-rros
pebbles

¡Me encanta **nadar** en el **mar**!
I love **swimming** in the **sea**!

las olas
O-lahs
waves

la tabla de surf
TAH-blah deh SOORF
surfboard

la pala
PAH-la
shovel

Juego bajo mi **sombrilla**.
I'm **playing** under my **umbrella**.

la sombrilla
som-BREE-l'yah
umbrella

el protector solar
pro-tehk-TOR so-LAR
sunblock

42

¿Te gusta ir a la playa?

las gaviotas
ga-be'OH-tas
seagulls

el traje de baño
TRAH-Hay
day BAH-n'yo
swimsuit

las gafas de agua
GAH-fas day
AH-goo'ah
goggles

la pamela
pa-MAY-la
sun hat

la silla de playa
SEE-l'ya day
PLAH-yah
deck chair

la arena
ah-RAY-na
sand

la roca
ROH-ka
rock

la estrella de mar
ess-TRAY-l'ya
day MAHR
starfish

el helado
eh-LAH-do
ice cream

el castillo de arena
kass-TEE-l'yo
day ah-RAY-na
sandcastle

Me gusta tumbarme al sol.
I like to lie in the sun.

Do you like going to the beach?

43

La escuela
School

las tijeras
tee-HAY-ras
scissors

los lápices de colores
LAH-pee-says day ko-LO-rays
colored pencils

el pizarrón
pe-SAH-rron
blackboard

la regla
RAY-glah
ruler

la goma
GOH-ma
eraser

el lápiz
LAH-pis
pencil

la pluma
PLOO-mah
pen

el cuaderno
koo'ah-DER-no
notebook

el escritorio
ess-kre-TO-re'oh
desk

Extra words to learn

el alfabeto
ahl-fah-BAY-to
alphabet

el aula
A'OO-lah
classroom

las ciencias
SEE'EN-see'as
science

el dibujo
dee-BOO-Ho
drawing

la escritura
ess-kree-TOO-ra
writing

la lectura
lek-TOO-ra
reading

el maestro
mah-ESS-tro
teacher

la silla
SEE-l'yah
chair

44

¿Cuántos libros hay en esta página?

¿Ves mi **almuerzo** en la **lonchera**?
Can you see my **lunch** in the **lunch box**?

los marcadores
mahr-ka-DO-rays
markers

la lonchera
lohn-CHAY-rah
lunch box

Busca tu país en el **globo terráqueo**.
Look for your country on the **globe**.

el cuaderno
koo'ah-DER-no
notebook

la bolsa de la escuela
*BOL-sah day la
ess-KOO'AY-la*
school bag

el globo terráqueo
GLO-bo tay-RRAH-kay-oh
globe

los libros
LEE-bros
books

el uniforme escolar
oo-nee-FOHR-may ess-ko-LAR
school uniform

la computadora
kom-poo-tah-DO-rah
computer

45

How many books are there on this page?

Los deportes
Sports

Llevo un **casco**.
I am wearing a **helmet**.

el casco
KAS-ko
helmet

esquiar
ess-kee-AR
skiing

los esquís
ess-KEES
skis

la raqueta
rrah-KAY-ta
racket

la rueda
ROO'AY-da
wheel

el ciclismo
see-KLEES-moh
riding a bike

Jugamos al **básquetbol**.
We play **basketball**.

**el patinaje
sobre hielo**
*pa-TE-na-Hay
SO-bray E'AY-lo*
ice-skating

la gimnasia
Heem-NAH-se'ah
gymnastics

Amalia quiere **marcar un gol**.
Amalia wants to **score a goal**.

la camiseta
ka-mee-SAY-ta
T-shirt

los
pantalones
cortos
*pan-ta-
LOH-ness
KOR-tos*
shorts

el fútbol
foot-bol
soccer

el básquetbol
BAHS-ket-bol
basketball

las zapatillas deportivas
*sah-pah-TEE-l'yas
day-por-TEE-bas*
sneakers

el golf
GOHLF
golf

¿Te gustan los deportes y hacer ejercicio?

Extra words to learn

el atletismo
ah-TLAY-tees-moh
athletics

el ejercicio
ay-HAIR-CE-ce'oh
exercise

el hockey
HOH-kay
hockey

el hockey sobre hielo
HOH-kay so-bray E'AY-lo
ice hockey

el judo
JOO-do
judo

el karate
ka-RAH-tay
karate

la natación
na-ta-SE'ON
swimming

la vela
BAY-la
sail

el chaleco salvavidas
chah-LAY-ko sal-bah-BEE-das
life jacket

navegación
na-bay-gah•SE'ON
sailing

la bola
BO-lah
ball

el guante
GOO'AN-tay
glove

el bate
BAH-teh
bat

el béisbol
BAY'ESS-bol
baseball

tirarse de cabeza
tee-RAR-say day kah-BEH-sah
diving

Yo **remo**.
I **row**.

el remo
RAY-moh
oar

remar
rray-MAR
rowing

el bote
BO-tay
boat

el caballo
kah-BAH-l'yo
horse

el rugby
RROOG-be
rugby

correr
ko-RRER
running

montar a caballo
mon-TAR ah kah-BAH-l'yo
horseback riding

el tenis
TAY-niss
tennis

47

Do you like sports and exercising?

Las mascotas
Pets

Mi perrito se llama Honey.
My puppy is called Honey.

el perrito
pair-RREE-to
puppy

el tazón
tah-SON
bowl

la comida
ko-MEE-da
food

el conejillo de indias
*ko-nay-Hee-l'yo day
IN-de'ahs*
guinea pig

Mi tortuga se mueve muy despacio.
My tortoise moves very slowly.

la tortuga
tohr-TOO-ga
tortoise

el hámster
HAHMS-tair
hamster

el conejo
ko-NAY-Ho
rabbit

el gato
GAH-to
cat

el pececito de colores
pay-say-SEE-toh day ko-LO-rehs
goldfish

¿De qué colores tiene el pelo del conejillo de indias?

el pelo
PAY-lo
fur

la lengua
LEN-goo'ah
tongue

el gatito
gah-TEE-to
kitten

el perro
PAIR-rroh
dog

El loro tiene las **plumas** de colores.
A parrot has colored **feathers**.

el pico
PEE-koh
beak

el loro
LOH-roh
parrot

el pájaro
PAH-Hah-ro
bird

la cola
KOH-la
tail

el bigote
be-GO-tay
whiskers

el ratón
rah-TON
mouse

Sam **cepilla** al **caballo**.
Sam **brushes** the **horse**.

el caballo
kah-BAH-l'yo
horse

Extra words to learn

la aleta
ah-LAY-ta
fin

la cola
KOH-la
tail

el collar
koh-L'YAR
collar

la garra
GAH-rrah
claw

la pata
PAH-ta
paw

el pez
pes
fish

la pluma
PLOO-mah
feather

la veterinaria
bay-tair-ree-NAR-re'a
vet

What color is the guinea pig's fur?

Colores y formas
Colors and shapes

rojo
RROH-Ho
red

anaranjado
ah-nah-ran-HAH-do
orange

amarillo
ah-mah-REE-l'yo
yellow

verde
BAIR-day
green

azul
ah-SOOL
blue

violeta
be'oh-LAY-ta
purple

rosa
RROH-sa
pink

café
ka-FAY
brown

negro
NAY-gro
black

curvado
koor-BAH-do
curved

recto
RREK-to
straight

50

¿Cuál es tu color favorito y tu forma favorita?

el cuadrado
koo'ah-DRAH-do
square

el círculo
SEER-koo-lo
circle

el arco iris
AR-ko EE-ris
rainbow

el triángulo
tree'AHN-goo-lo
triangle

la estrella
ess-TRAY-l'ya
star

Extra words to learn

blanco
BLAHN-ko
white

claro
KLAH-roh
light (not dark)

colorido
ko-lo-RE-do
colorful

el corazón
ko-rah-SON
heart

gris
GREES
gray

el semicírculo
say-me-SEER-koo-lo
semicircle

oscuro
ohs-KOO-roh
dark

el óvalo
OH-bah-lo
oval

el diamante
de'ah-MAHN-tay
diamond

el rectángulo
rrehk-TAN-goo-lo
rectangle

el hexágono
eh-KSAH-goh-noh
hexagon

el pentágono
pen-TAH-goh-noh
pentagon

el cubo
KOO-bo
cube

redondo
RRAY-don-do
round

51

Los opuestos
Opposites

¡Abrela bien!
Open wide!

abierto
ah-BE'AIR-toh
open

rugoso
RROO-go-so
rough

liso
LEE-so
smooth

cerrado
sair-RRAH-do
closed

mojado
mo-HAH-do
wet

seco
SAY-ko
dry

Extra words to learn

lento
LEN-to
slow

ligero
lee-HAY-ro
light (weight)

lleno
L'YEH-no
full

nuevo
NOO'AY-bo
new

pesado
pay-SAH-do
heavy

rápido
RRAH-pe-do
fast

vacío
bah-SE-oh
empty

viejo
BE'AY-Ho
old

sucio
SOO-se'oh
dirty

limpio
LEEM-pe'oh
clean

¿Te gustan las bebidas calientes o frías?

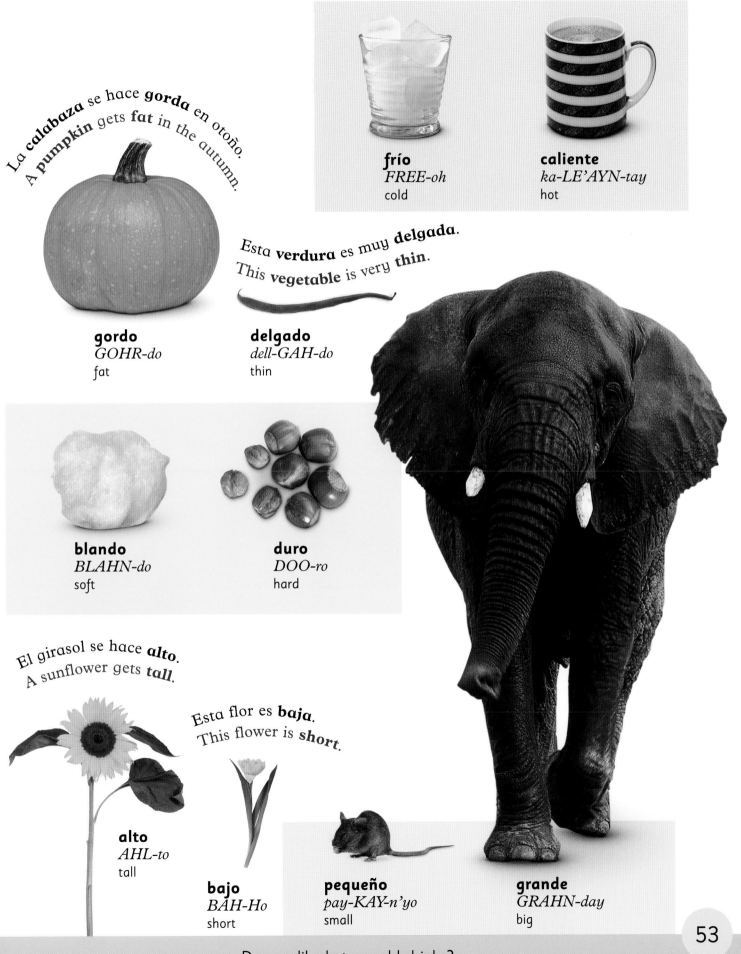

frío
FREE-oh
cold

caliente
ka-LE'AYN-tay
hot

La **calabaza** se hace **gorda** en otoño.
A **pumpkin** gets **fat** in the autumn.

Esta **verdura** es muy **delgada**.
This **vegetable** is very **thin**.

gordo
GOHR-do
fat

delgado
dell-GAH-do
thin

blando
BLAHN-do
soft

duro
DOO-ro
hard

El girasol se hace **alto**.
A sunflower gets **tall**.

Esta flor es **baja**.
This flower is **short**.

alto
AHL-to
tall

bajo
BAH-Ho
short

pequeño
pay-KAY-n'yo
small

grande
GRAHN-day
big

53

Do you like hot or cold drinks?

El tiempo
Weather

**el muñeco
de nieve**
*moo-N'YEH-ko
day NEE'AY-bay*
snowman

el otoño
oh-TO-n'yo
fall

el invierno
in-BE'AIR-no
winter

los copos de nieve
*KOH-pos day
NEE'AY-bay*
snowflakes

la nieve
NEE'AY-bay
snow

**el gorro
de lana**
*GO-rroh day
LAH-na*
wool hat

Me gusta hacer un **muñeco de nieve**.
I like to make a **snowman**.

Llevo un gorro, una bufanda, y guantes.
I'm wearing a hat, a scarf, and gloves.

el paraguas
*pair-RAH-
goo'ahs*
umbrella

¿Qué tiempo hace hoy?

la lluvia
LYU-be'ah
rain

la nube
NOO-bay
cloud

el arco iris
ar-ko-EE-ris
rainbow

las gafas de sol
GAH-fas day SOHL
sunglasses

la gorra
GO-rrah
cap

la primavera
pree-ma-BAY-ra
spring

el verano
bay-RAH-no
summer

el sol
SOHL
sun

Hace calor **al sol**.
It's hot in the **sun**.

Tengo un **paraguas** amarillo.
I have a yellow **umbrella**.

55

Aa English A–Z

b
c
d
e
f
g
h
i
j
k
l
m
n
o
p
q
r
s
t
u
v
w
x
y
z

In this section, English words are in alphabetical order, followed by their Spanish translations. There is information after each English word to show you what type of word it is. This will help you make sentences. In Spanish, nouns (naming words) are either masculine (m) or feminine (f). If the Spanish word has *el* or *los* before it, it is masculine; if it has *la* or *las*, it is feminine. See page 113 for the pronunciation guide.

(n) = noun (a naming word). Either masculine or feminine. Feminine nouns usually have an "a" at the end.
(adj) = adjective (a describing word). These words can change depending on whether the noun they are describing is masculine (m) or feminine (f) and singular (sing) or plural (plu).
(adv) = adverb (a word that gives more information about a verb, an adjective, or another adverb)
(conj) = conjunction (a joining word: for example, "and")
(prep) = preposition (for example, "about")
(pron) = pronoun (for example, "he," "she," "it")
(article) = (for example, "a," "an," "the")
(sing) = singular (one thing) **(plu)** = plural (lots of things)
(m) = masculine **(f)** = feminine

apple
la manzana

a (article)
un (m) una (f)
OON/OO-na

about (adv)
sobre/acerca de
SO-bray/ah-SAIR-kah day

above (prep)
sobre
SO-bray

accident (n)
el accidente
ahk-se-DEN-tay

across (prep)
a través de
ah trah-BESS day

activity (n)
la actividad
ahk-te-bi-DAHD

address (n)
la dirección
dee-rek-se'ON

adult (adj)
adulto (m)
ah-DOOL-toh

adventure (n)
la aventura
a-ben-TOO-rah

after (prep)
después de/tras
dess-poo'ESS deh/TRAHS

afternoon (n)
la tarde
TAR-day

again (adv)
otra vez
O-tra BES

de nuevo
day NOO'AY-boh

age (n)
la edad
ay-DAHD

air (n)
el aire
AH'E-ray

airplane (n)
el avión
ah-BEE'ON

airport (n)
el aeropuerto
ah-ay-ro-poo'AIR-to

alarm clock (n)
el despertador
dess-pair-tah-DOR

all (adj)
todo (m)
TO-do

alligator (n)
el caimán
kah'ee-MAN

almost (adv)
casi
KAH-see

alone (adj)
solo (m)
SOH-lo

alphabet (n)
el alfabeto
ahl-fah-BAY-to

el abecedario
ah-bay-say-DAH-re'oh

already (adv)
ya
YAH

also (adv)
también
tahm-BE'EN

always (adv)
siempre
SE'EM-pray

amazing (adj)
asombroso (m)
ah-som-BROH-so

ambulance (n)
la ambulancia
ahm-boo-LAN-se'ah

amusement park (n)
el parque de diversiones
PAHR-kay day dee-ber-SE'OH-ness

an (article)
un (m)/una (f)
OON/OO-na

anchor (n)
el ancla
AN-klah

airplane
el avión

Aa

b
c
d
e
f
g
h
i
j
k
l
m
n
o
p
q
r
s
t
u
v
w
x
y
z

and (conj)
y (except before i/hi)
e

e (before i/hi)
eh

angry (adj)
enfadado (m)
en-fah-DAH-do

enojado (m)
eh-noh-HA-doh

animal (n)
el animal
ah-ne-MAHL

ankle (n)
el tobillo
to-BEE-l'yo

answer (n)
la respuesta
rres-poo'ESS-tah

ant (n)
la hormiga
or-MEE-gah

antenna (n)
la antena
ahn-TAY-nah

any (adj)
cualquiera
koo'ahl-KEE'AY-ra

anyone/anything (pron)
cualquiera
koo'ahl-KEE'AY-ra

apart (adv)
aparte
ah-PAR-tay

apartment (n)
el apartamento
ah-par-tah-MEN-to

app (n)
la app
ap

appearance (n)
la apariencia
ah-pah-RE'En-sia

apple (n)
la manzana
mahn-SAH-nah

apron (n)
el delantal
day-lahn-TAHL

arch (n)
el arco
AR-ko

area (n)
el área
AH-ray-ah

arm (n)
el brazo
BRAH-so

armchair
el sillón

armchair (n)
el sillón
se-L'YON

army (n)
el ejército
eh-HAIR-se-to

around (prep)
alrededor
ahl-ray-day-DOR

arrival (n)
la llegada
l'yay-GAH-da

arrow (n)
la flecha
FLAY-chah

art (n)
el arte
AR-tay

artist (n)
el/la artista
ar-TEES-tah

astronaut
el/la astronauta

assistant (n)
el/la asistente
ah-siss-TEN-teh

astronaut (n)
el/la astronauta
ahs-tro-NAH'OO-tah

astronomer (n)
el astrónomo
ahs-TRO-noh-mo

la astrónoma
ahs-TRO-noh-ma

athletics (n)
el atletismo
ah-tlay-TEES-moh

atlas (n)
el atlas
AH-tlahs

attic (n)
el ático
AH-tee-ko

aunt (n)
la tía
TEE-ah

avocado (n)
el aguacate
ah-goo'ah-KAH-tay

57

Bb

a

Bb

c

d

e

f

g

h

i

j

k

l

m

n

o

p

q

r

s

t

u

v

w

x

y

z

balloon
el globo

baboon (n)
el babuino
bah-BOO'EE-no

baby (n)
el bebé
beh-BEH

back (adj)
de atrás
day ah-TRAHS

back (body) (n)
la espalda
ess-PAHL-dah

backpack (n)
la mochila
mo-CHEE-lah

backward (adv)
hacia atrás
A-se'ah ah-TRAHS

bad (adj)
malo (m)
MAH-lo

badge (n)
la insignia
in-SIG-ne'ah

badminton (n)
el bádminton
BAHD-meen-ton

bag (n)
la bolsa
BOL-sah

bakery (n)
la panadería
pah-nah-day-REE-ah

balcony (n)
el balcón
bahl-KON

ball (n)
la pelota
pay-LOH-tah

la bola
BO-lah

ballet dancer (n)
el bailarín
bah'e-lah-REEN

la bailarina
bah'e-lah-REE-nah

balloon (n)
el globo
GLOH-bo

banana (n)
el plátano
PLAH-tah-no

la banana
bah-NAH-nah

band (n)
la banda
BAHN-dah

bank (money) (n)
el banco
BAHN-ko

bank (river) (n)
la orilla
o-REE-l'ya

barbecue (n)
la barbacoa
bar-bah-KO-ah

barn (n)
el granero
grah-NAY-ro

baseball (n)
el béisbol
BAY'ESS-bol

basement (n)
el sótano
SO-tah-no

basket (n)
la cesta
SESS-tah

basketball (n)
el básquetbol
BAHS-ket-bol

bat (animal) (n)
el murciélago
moor-SE'AY-lah-go

bat (sports) (n)
el bate
BAH-teh

bath (n)
la bañera
ba-N'YEH-ra

bathroom (n)
el baño
BAH-n'yo

battery (n)
la pila
PEE-lah

bat
el murciélago

battle (n)
la batalla
bah-TAH-l'yah

beach (n)
la playa
PLAH-yah

bead (n)
la cuenta
KOO'EN-tah

beak (n)
el pico
PEE-koh

beans (n)
los frijoles
free-HO-lays

bear (n)
el oso
O-so

beard (n)
la barba
BAHR-bah

beautiful (adj)
precioso (m)
preh-SE'O-so

beauty (n)
la belleza
bay-L'YE-sah

because (conj)
porque
POHR-kay

bed (n)
la cama
KAH-mah

bedroom (n)
el dormitorio
dohr-me-TOH-re'oh

bear
el oso

bee (n)
la abeja
ah-BAY-Hah

beetle (n)
el escarabajo
es-kah-rah-BA-Hoh

before (prep)
antes
AHN-tess

behind (prep)
detrás
day-TRAHS

bell (n)
la campana
kahm-PAH-nah

below (prep)
abajo
ah-BAH-Ho

debajo
day-BAH-Ho

belt (n)
el cinturón
sin-too-RON

bench (n)
el banco
BAHN-ko

best (pron)
el/la mejor
MAY-Hor

saddle
el sillín

bicycle
la bicicleta

pedal
el pedal

wheel
la rueda

tire
la llanta

binoculars
los binoculares

better (adj)
mejor
MAY-Hor

between (prep)
entre
EN-tray

bicycle (n)
la bicicleta
be-se-KLAY-tah

big (adj)
gran (before noun)
GRAHN

grande (after noun)
GRAHN-day

bill (n)
la factura
fak-TOO-rah

la cuenta
KOO'AYN-tah

binoculars (n)
los binoculares
be-noh-koo-LAH-rehs

bird (n)
el pájaro
PAH-Hah-ro

birthday (n)
el cumpleaños
koom-play-AH-n'yos

birthday present (n)
el regalo de cumpleaños
ray-GAH-lo day
koom-play-AH-n'yos

black (adj)
negro (m)
NAY-gro

blackboard (n)
el pizarrón
pe-SAH-rron

blanket (n)
la manta
MAHN-tah

blonde (adj)
rubio (m)
ROO-bee'o

blood (n)
la sangre
SAHN-gray

blouse (n)
la blusa
BLOO-sah

blue (adj)
azul
ah-SOOL

board (n)
el tablero
tah-BLAY-ro

board game (n)
el juego de tablero
HOO'AY-go day
tah-BLAY-ro

el juego de mesa
HOO'AY-go day
MAY-sah

boat (n)
el bote
BO-tay

a

Bb

c

d

e

f

g

h

i

j

k

l

m

n

o

p

q

r

s

t

u

v

w

x

y

z

body (n)
el cuerpo
KOO'AIR-po

bone (n)
el hueso
OO'AY-so

book (n)
el libro
LEE-bro

bookstore (n)
la librería
le-bray-REE-ah

boot (n)
la bota
BO-tah

boring (adj)
aburrido (m)
ah-boo-RREE-doh

bottle (n)
la botella
bo-TAY-l'yah

bottom (n)
el fondo
FON-do

bowl (n)
el tazón
tah-SON

el bol
BOHL

box (n)
la caja
KAH-Ha

boy (n)
el niño
NEE-n'yoh

el chico
CHEE-ko

boyfriend (n)
el novio
NO-be'oh

bracelet (n)
la pulsera
pool-SAY-rah

brain (n)
el cerebro
say-RAY-bro

branch (n)
la rama
RRAH-mah

brave (adj)
valiente
bah-LE'EN-tay

bread (n)
el pan
PAN

break (n)
el recreo
ray-CRAY-oh

breakfast (n)
el desayuno
deh-sah-YOO-no

breeze (n)
la brisa
BREE-sa

butterfly
la mariposa

bridge (n)
el puente
POO'EN-tay

bright (adj)
brillante
bree-L'YAN-tay

broken (adj)
roto (m)
RROH-toh

broom (n)
la escoba
ess-KO-bah

brother (n)
el hermano
air-MAH-noh

brown (adj)
café
ka-FAY

bubble (n)
la burbuja
boor-BOO-Hah

bucket (n)
el cubo
KOO-bo

building (n)
el edificio
eh-dee-FEE-se'oh

bulb (plant) (n)
el bulbo
BOOL-boh

buoy (n)
la boya
BOH-yah

bus (n)
el autobús
ah'oo-to-BOOSS

bus stop (n)
la parada del autobús
pah-RAH-dah del ah'oo-to-BOOSS

bush (n)
el arbusto
ar-BOOSS-to

business (n)
el negocio
nay-GO-se'oh

busy (adj)
ocupado (m)
oh-koo-PAH-do

but (conj)
pero
PAY-roh

butter (n)
la mantequilla
man-tay-KEE-l'ya

butterfly (n)
la mariposa
mah-re-PO-sah

button (n)
el botón
bo-TON

bubbles
las burbujas

C

cake
el pastel

cabbage (n)
la col
KOL

café (n)
el café
ka-FAY

cage (n)
la jaula
HA'OO-lah

cake (n)
el pastel
pahs-TEHL

calculator (n)
la calculadora
kahl-koo-lah-DO-rah

calendar (n)
el calendario
kah-len-DAH-ree'oh

calf (animal) (n)
el ternero
tair-NAY-ro

calm (adj)
calmado (m)
kahl-MAH-do

camel (n)
el camello
kah-MAY-l'yo

camera (n)
la cámara
KA-mah-rah

camping (n)
la acampada
ah-kahm-PAH-da

can (n)
la lata
LAH-ta

candle (n)
la vela
BAY-lah

candy (n)
el caramelo
ka-ra-MAY-lo

canoe (n)
la canoa
ka-NO-ah

cap (n)
la gorra
GO-rrah

capital (n)
la capital
ka-pe-TAHL

car (n)
el auto
AH'OO-toh

card (greeting) (n)
la tarjeta
tar-HAY-tah

card (playing) (n)
la carta
KAHR-tah

cardboard (n)
el cartón
kar-TON

careful (adj)
cuidadoso (m)
koo'e-dah-DO-so

carpet (n)
la alfombra
ahl-FOM-brah

carrot (n)
la zanahoria
sah-nah-O-re'ah

cart (n)
el carro
KAR-rro

cash (n)
el dinero en efectivo
de-NAY-roh en ay-fek-TEE-bo

cash register (n)
la caja registradora
KAH-Hah rreh-Hiss-trah-DOH-rah

cat (n)
el gato
GAH-to

caterpillar (n)
la oruga
o-ROO-gah

cave (n)
la cueva
KOO'AY-ba

CD (n)
el disco compacto
DISS-ko kom-PAK-toh

ceiling (n)
el techo
TAY-cho

cellular phone (n)
el (teléfono) celular
(tay-LAY-fo-no) cel-loo-LAR

center (n)
el centro
SEN-troh

cereal (n)
el cereal
say-ray-AHL

certain (adj)
seguro (m)
say-GOO-ro

chain (n)
la cadena
kah-DAY-nah

chair (n)
la silla
SEE-l'yah

challenge (n)
el reto
RAY-toh

change (n)
el cambio
KAM-be'oh

cheap (adj)
barato (m)
bah-RAH-to

checkout (n)
la caja
KAH-Hah

window
la ventana

car
el auto

door
la puerta

a
b
Cc
d
e
f
g
h
i
j
k
l
m
n
o
p
q
r
s
t
u
v
w
x
y
z

a
b

Cc

d

e

f

g

h

i

j

k

l

m

n

o

p

q

r

s

t

u

v

w

x

y

z

cheese (n)
el queso
KAY-so

chef (n)
el/la chef
CHEF

chess (n)
el ajedrez
ay-Hay-DRES

chest (n)
el baúl
bah-OOL

chest of drawers (n)
la cómoda
KO-mo-dah

chewing gum (n)
el chicle
CHEE-clay

chick (n)
el pollito
po-L'YEE-to

chicken (n)
el pollo
PO-l'yo

child (n)
la niña (f)
el niño (m)
NEE-n'ya/yo

children (n)
las niñas (f)
los niños (m)
NEE-n'yas/yos

chimney (n)
la chimenea
che-may-NAY-ah

chimpanzee (n)
el chimpancé
chem-pahn-SAY

chin (n)
la barbilla
bar-BEE-l'ya

chocolate (n)
el chocolate
cho-ko-LAH-tay

cinema (n)
el cine
SEE-nay

circle (n)
el círculo
SEER-koo-lo

circus (n)
el circo
SEER-ko

city (n)
la ciudad
se'oo-DAHD

classroom (n)
el salón de clase
sah-LON day KLAH-say

el aula
AH'OO-lah

claw (n)
la garra
GAH-rrah

chocolate
el chocolate

clean (adj)
limpio (m)
LEEM-pe'oh

clear (adj)
claro (m)
KLAH-ro

clever (adj)
listo (m)
LEES-to

cliff (n)
el acantilado
ah-kahn-te-LAH-do

cloak (n)
la capa
KAH-pah

clock (n)
el reloj
rray-LOH

close (adj)
cercano (m)
sair-KAH-no

closed (adj)
cerrado (m)
sair-RRAH-do

cloth (n)
la tela
TAY-lah

clothes (n)
la ropa
RROH-pah

cloud (n)
la nube
NOO-bay

cloudy (adj)
nublado (m)
noo-BLAH-do

clown (n)
el payaso
pah-YAH-so

la payasa
pah-YAH-sa

coach (sports) (n)
el entrenador
en-tray-nah-DOR

la entrenadora
en-tray-nah-DO-rah

coast (n)
la costa
KOS-tah

coat (n)
el abrigo
ah-BREE-go

coat hanger (n)
la percha
PER-chah

coconut (n)
el coco
KO-ko

coffee (n)
el café
kah-FAY

coin (n)
la moneda
moh-NAY-dah

cold (adj)
frío (m)
FREE-oh

collar (n)
el collar
koh-L'YAR

college (n)
la universidad
oo-ne-bair-se-DAHD

color (n)
el color
ko-LOR

colored pencil (n)
el lápiz de color
LAH-pis day ko-LOR

colorful (adj)
colorido (m)
ko-lo-RE-do

comb (n)
el peine
PAY'EH-neh

combine harvester (n)
la cosechadora combinada
koh-say-chah-DO-rah
kom-be-NAH-da

compass
la brújula

comfortable (adj)
cómodo (m)
KO-mo-doh

comforter (n)
el edredón
ay-dray-DON

comic (n)
la historieta
iss-to-RE'EH-tah

compass (n)
la brújula
BROO-Hoo-lah

computer (n)
la computadora
kom-poo-tah-DOO-rah

concert (n)
el concierto
kon-SE'AYR-toh

contest (n)
el concurso
kon-KOOR-so

continent (n)
el continente
kon-te-NEN-tay

crab
el cangrejo

controls (n)
los mandos
MAN-doss

cookie (n)
la galleta
ga-L'YE-tah

cool (adj)
fresco (m)
FRESS-ko

corner (n)
la esquina
ess-KEE-nah

correct (adj)
correcto (m)
ko-RREHK-to

costume (n)
el disfraz
diss-FRAS

cotton (n)
el algodón
ahl-go-DON

cough (n)
la tos
TOSS

country (n)
el país
pah-ISS

countryside (n)
el campo
KAHM-po

cousin (n)
la prima (f)
el primo (m)
PREE-ma/mo

cow (n)
la vaca
BAH-kah

cowboy (n)
el vaquero
bah-KAY-ro

cowgirl (n)
la vaquera
bah-KAY-rah

crab (n)
el cangrejo
kan-GRAY-Ho

crane (n)
la grúa
GROO-ah

crayon (n)
el crayón
krah-YON

cream (n)
la crema
KRAY-mah

creature (n)
la criatura
kre'ah-TOO-rah

crew (n)
la tripulación
tre-poo-lah-SE'ON

crocodile (n)
el cocodrilo
ko-ko-DREE-lo

crop (n)
la cosecha
ko-SAY-chah

crosswalk (n)
el cruce
KROO-say

crowded (adj)
lleno de gente (m)
L'YE-no day HEN-tay

crown (n)
la corona
ko-RO-nah

cube (n)
el cubo
KOO-bo

cup (n)
la taza
TAH-sa

cupboard (n)
la alacena
ah-lah-SAY-nah

curious (adj)
curioso (m)
koo-RE'OH-so

curly (adj)
rizado (m)
rree-SAH-do

curtain (n)
la cortina
kor-TEE-nah

curved (adj)
curvado (m)
koor-BAH-do

cushion (n)
el cojín
ko-HEEN

customer (n)
la clienta (f)
el cliente (m)
klee-AYN-tah/tay

cycling (n)
el ciclismo
see-KLEES-moh

a
b

Cc

d
e
f
g
h
i
j
k
l
m
n
o
p
q
r
s
t
u
v
w
x
y
z

crown
la corona

63

a
b
c

Dd

e
f
g
h
i
j
k
l
m
n
o
p
q
r
s
t
u
v
w
x
y
z

D

daisy
la margarita

dad (n)
el papá
pah-PAH

daisy (n)
la margarita
mar-gah-REE-tah

dam (n)
la presa
PREH-sah

dancer (n)
el bailarín (m)
bah'e-lah-REEN

la bailarina (f)
bah'e-lah-REE-nah

dandelion (n)
el diente de león
DE'AYN-tay
day lay-ON

danger (n)
el peligro
peh-LEE-gro

dangerous (adj)
peligroso (m)
peh-lee-GRO-so

dark (adj)
oscuro (m)
ohs-KOO-roh

date (n)
la cita
SEE-ta

daughter (n)
la hija
EE-Hah

day (n)
el día
DEE-a

dead (adj)
muerto (m)
MOO'AIR-toh

deaf (adj)
sordo (m)
SOR-doh

dear (special) (adj)
querido (m)
kay-RE-do

deck (n)
la cubierta
koo-BE'AIR-tah

deck chair (n)
la silla de playa
SEE-l'ya day
PLAH-yah

decoration (n)
la decoración
day-ko-rah-SE'ON

deep (adj)
profundo (m)
proh-FOON-do

deer (n)
el ciervo
SE'AIR-boh

delicious (adj)
delicioso (m)
deh-lee-SE'OH-so

dentist (n)
el/la dentista
dehn-TISS-tah

desert (n)
el desierto
deh-SE'AIR-toh

desk (n)
el escritorio
ess-kre-TO-re'oh

dessert (n)
el postre
POS-tray

diagram (n)
el diagrama
de'ah-GRA-mah

diamond (n)
el diamante
de'ah-MAHN-tay

dice (n)
los dados
DAH-doss

dictionary (n)
el diccionario
deek-se'oh-NAH-re'oh

different (adj)
diferente
de-fay-REN-tay

difficult (adj)
difícil
de-FEE-cil

digital (adj)
digital
de-He-TAHL

dining room (n)
el comedor
koh-may-DOHR

dinner (n)
la cena
SAY-nah

dinosaur (n)
el dinosaurio
dee-noh-SAH'OO-re'oh

direction (n)
la dirección
dee-rek-SE'ON

directly (adv)
directamente
dee-REK-tah-MEN-tay

dirty (adj)
sucio (m)
SOO-se'oh

disabled (adj)
discapacitado
dees-kah-pah-see-TAH-doh

disco (n)
la disco
DISS-ko

discovery (n)
el descubrimiento
des-koo-bree-ME'AYN-toh

dish towel (n)
el paño de cocina
PAH-n'yo day
ko-SEE-na

distance (n)
la distancia
diss-TAHN-se'ah

divorced (adj)
divorciado (m)
dee-bor-SE'AH-do

doctor (n)
el doctor (m)
dok-TOHR

la doctora (f)
dok-TO-rah

dog (n)
el perro
PAIR-rroh

doll (n)
la muñeca
moo-N'YEH-kah

dolphin (n)
el delfín
del-FEEN

dome (n)
la cúpula
KOO-poo-lah

door (n)
la puerta
POO'AIR-tah

downstairs (n)
el piso de abajo
PE-soh day a-BA-Hoh

dragon (n)
el dragón
drah-GON

dragonfly (n)
la libélula
lee-BEH-loo-lah

drawer (n)
el cajón
kah-HON

drawing (n)
el dibujo
dee-BOO-Ho

dream (n)
el sueño
SOO'AY-n'yo

dress (n)
el vestido
behs-TE-do

drink (n)
la bebida
beh-BE-da

drinking straw (n)
la pajita
pah-HEE-tah

drop (n)
la gota
GO-tah

drum (n)
el tambor
tam-BOHR

drum kit (n)
la batería
bah-tay-REE-ah

dry (adj)
seco (m)
SAY-ko

duck (n)
el pato
PAH-to

duckling (n)
el patito
pah-TEE-to

during (prep)
durante
doo-RAHN-tay

dust (n)
el polvo
POHL-boh

DVD player (n)
el reproductor de DVD
rray-pro-dook-TOHR day day-bay-DEH

E

egg
el huevo

each (adj)
cada
KAH-dah

eagle (n)
el águila
AH-ghee-lah

ear (n)
la oreja
oh-RAY-Hah

el oído
oh-EE-do

earache (n)
el dolor de oído
doh-LOHR day oh-EE-do

early (adv)
temprano
tem-PRAH-no

earring (n)
el arete
ah-RAY-tay

Earth (planet) (n)
la Tierra
TE'AY-rrah

earthworm (n)
el gusano
goo-SAH-no

duck
el pato

east (n)
el este
ESS-tay

easy (adj)
fácil
FAH-sil

echo (n)
el eco
AY-koh

edge (n)
el filo
FEE-loh

effect (n)
el efecto
ay-FEK-to

egg (n)
el huevo
OO'AY-boh

elbow (n)
el codo
KOH-do

electrical (adj)
eléctrico (m)
ay-LEK-tree-ko

elephant (n)
el elefante
ay-lay-FAHN-tay

elevator (n)
el ascensor
ass-sayn-SOR

email (n)
el correo electrónico
ko-RRAY-oh ay-lek-TROH-ne-ko

email address (n)
la dirección de correo electrónico
dee-rek-se'ON day ko-RRAY-oh ay-lek- TROH-ne-ko

emergency (n)
la emergencia
ay-mehr-HEN-se'ah

a b c **Dd Ee** f g h i j k l m n o p q r s t u v w x y z

65

a
b
c
d

Ee

f
g
h
i
j
k
l
m
n
o
p
q
r
s
t
u
v
w
x
y
z

empty (adj)
vacío (m)
bah-SE-oh

encyclopedia (n)
la enciclopedia
en-se-kloh-PEH-de'ah

end (n)
el fin
FEEN

English (n)
el inglés
eenn-GLAYS

enough (adj)
suficiente
soo-fee-SE'AYN-teh

enthusiastic (adj)
entusiasta
en-too-SE'AHSS-tah

entrance (n)
la entrada
en-TRAH-da

envelope (n)
el sobre
SOH-bray

environment (n)
el medio ambiente
MEH-de'oh
am-BE'AYN-tay

equal (adj)
igual
ee-GOO'AHL

equator (n)
el ecuador
ay-koo'ah-DOHR

equipment (n)
el equipo
ay-KEE-poh

stamp
el sello

Museo de Arte Moderno
Avenida de San Juan, 350
Buenos Aires
Argentina

envelope
el sobre

address
la dirección

eraser (n)
la goma
GOH-ma

even (adv)
hasta
ASS-tah

evening (n)
la tarde
TAHR-day

event (n)
el evento
ay-BEN-to

every (adj)
cada
KAH-dah

everybody (pron)
todo el mundo
TOH-doh el MOON-doh

everything (pron)
todo
TOH-doh

everywhere (adv)
por todos lados
pohr TOH-doss LAH-doss

exam (n)
el examen
ek-SAH-men

excellent (adj)
excelente
ek-say-LAYN-te

excited (adj)
emocionado (m)
eh-mo-ce'oh-NAH-do

exercise (n)
el ejercicio
ay-Hair-CE-ce'oh

exit (n)
la salida
sa-LEE-da

expedition (n)
la expedición
eks-pay-de-CE'ON

expensive (adj)
caro (m)
KAH-roh

experiment (n)
el experimento
eks-pay-re-MEN-to

expert (n)
el experto
eks-PAIR-to

explorer (n)
el explorador
eks-ploh-rah-DOR

explosion (n)
la explosión
eks-plo-SE'ON

extinct (adj)
extinto (m)
eks-TEEN-to

extra (adj)
adicional
a-dee-se'oh-NAHL

extremely (adv)
extremadamente
eks-tray-MAH-dah-MEN-tay

eye (n)
el ojo
OH-Hoh

eyebrow (n)
la ceja
SAY-Hah

eyelash (n)
la pestaña
pays-TAH-n'ya

arm
el brazo

exercise
el ejercicio

leg
la pierna

hand
la mano

foot
el pie

F

fashion
la moda

fabulous (adj)
fabuloso (m)
fah-boo-LO-so

face (n)
la cara
KAH-ra

fact (n)
el hecho
AY-cho

factory (n)
la fábrica
FAH-bre-kah

faint (pale) (adj)
pálido (m)
PAH-le-doh

fair (n)
la feria
FAY-re'ah

fall (season) (n)
el otoño
oh-TO-n'yo

false (adj)
falso (m)
FAHL-so

family (n)
la familia
fah-ME-le'ah

famous (adj)
famoso (m)
fah-MOH-so

fantastic (adj)
fantástico (m)
fan-TAHS-te-ko

far (adv)
lejos
LAY-Hos

farm (n)
la granja
GRAHN-Ha

farmer (n)
la granjera (f)
el granjero (m)
grahn-HAY-rah/ro

fashion (n)
la moda
MOH-da

fashionable (adj)
de moda
day MOH-da

fast (adv)
rápido (m)
RRAH-pe-do

fat (adj)
gordo (m)
GOHR-do

father (n)
el padre
PAH-dray

faucet (n)
el grifo
GREE-fo

favorite (adj)
favorito (m)
fa-boh-REE-to

feather (n)
la pluma
PLOO-mah

felt (n)
el fieltro
FE'AYL-troh

female (n)
la hembra
EM-brah

fence (n)
la cerca
SAYR-kah

fern (n)
el helecho
ay-LAY-cho

ferry (n)
el transbordador
trans-bor-dah-DOR

festival (n)
el festival
fess-te-BAHL

field (n)
el campo
KAM-poh

fin (n)
la aleta
ah-LAY-ta

fine (adv)
bien
BE'EN

finger (n)
el dedo
DAY-doh

fire (n)
el fuego
FOO'AY-goh

fire truck (n)
el coche de
bomberos
*KOH-chay day
bom-BAY-ros*

firefighter (n)
la bombera (f)
el bombero (m)
bom-BAY-rah/ro

first (adv)
primero
pre-MAY-ro

en primer lugar
en pre-MAYR loo-GAR

first aid (n)
los primeros
auxilios
*pre-MAY-ros
ah'ook-SE-le'ohs*

fish (animal) (n)
el pez
pes

fish (food) (n)
el pescado
pehs-KAH-do

fishing (n)
pescar
pes-KAR

fishing boat (n)
el barco de pesca
BAR-ko day PES-ka

a
b
c
d
e
Ff
g
h
i
j
k
l
m
n
o
p
q
r
s
t
u
v
w
x
y
z

eye
el ojo

fin
la aleta

fish
el pez

67

a
b
c
d
e

Ff

g
h
i
j
k
l
m
n
o
p
q
r
s
t
u
v
w
x
y
z

flag
la bandera

fishing line (n)
el hilo de pescar
EE-loh day pes-KAR

fist (n)
el puño
POO-n'yo

fit (adj)
en forma
en FOHR-ma

flag (n)
la bandera
ban-DAY-ra

flap (n)
la solapa
so-LAH-pah

flat (adj)
plano (m)
PLAH-no

fleece (clothing) (n)
el forro polar
FOH-rroh po-LAR

flipper (n)
la aleta
ah-LAY-ta

flood (n)
la inundación
ee-noon-dah-SE'ON

floor (n)
el suelo
SOO'EH-lo

floor (building) (n)
el piso
PEE-so

flour (n)
la harina
ah-REE-nah

flower (n)
la flor
FLOR

flute (n)
la flauta
FLAH'OO-ta

fly (n)
la mosca
MOSS-ka

fog (n)
la niebla
NEE'EH-blah

food (n)
la comida
ko-ME-da

foot (n)
el pie
PEE'EH

football (game) (n)
el fútbol
americano
*FOOT-bol
ah-meh-re-CAH-noh*

foreign (adj)
extranjero (m)
eks-tran-HAY-ro

forest (n)
el bosque
BOSS-kay

fork (n)
el tenedor
tay-nay-DOR

forward (adv)
adelante
ah-day-LAHN-tay

fossil (n)
el fósil
FO-sil

fox (n)
el zorro
soh-rro

frame (n)
el marco
MAR-ko

free time (n)
el tiempo libre
TEE'EM-po LE-bray

freedom (n)
la libertad
le-bair-TAHD

freezer (n)
el congelador
kon-Hay-la-DOR

French (n)
el francés
fran-SEHS

french fries (n)
las papas fritas
PAH-pahs FREE-tas

fresh (adj)
fresco (m)
FRAYS-ko

friend (n)
la amiga (f)
el amigo (m)
ah-MEE-gah/goh

friendly (adj)
amigable
ah-mee-GAH-blay

frightened (adj)
asustado (m)
ah-soos-TA-do

frog (n)
la rana
RRAH-na

from (prep)
de
DAY

front door (n)
la puerta principal
*POO'ER-tah
preen-se-PAL*

fruit (n)
la fruta
FROO-tah

frying pan (n)
la sartén
sar-TAYN

full (adj)
lleno (m)
L'YEH-no

fun (n)
divertido (m)
de-bair-TEE-do

fur (n)
el pelo
PAY-lo

furniture (n)
los muebles
MOO'EH-blays

future (n)
el futuro
foo-TOO-ro

frog
la rana

G

globe
el globo terráqueo

game (n)
el juego
HOO'AY-go

garage (n)
el garaje
gah-RAH-Hay

garden (n)
el jardín
Hahr-DEEN

gardener (n)
la jardinera (f)
el jardinero (m)
Hahr-dee-NAY-ro/rah

gardening (n)
la jardinería
Hahr-dee-nay-REE-ah

gas (n)
la gasolina
ga-soh-LEE-na

gentle (adj)
suave
SOO'AH-bay

gently (adv)
suavemente
SOO'AH-bay-MEN-tay

giant (n)
el gigante
Hee-GAN-tay

giraffe (n)
la jirafa
Hee-RAH-fah

girl (n)
la niña
NEE-n'ya

la chica
CHEE-ka

girlfriend (n)
la novia
no-BE'AH

glacier (n)
el glaciar
glah-SE'AHR

glass (drink) (n)
el vaso
BAH-so

glasses (n)
las gafas
GAH-fas

globe (n)
el globo terráqueo
GLO-bo
tay-RRAH-kay-oh

glove (n)
el guante
GOO'AN-tay

glue (n)
la cola
KO-la

goal (n)
el gol
GOL

goat (n)
la cabra
KA-bra

goggles (n)
las gafas de agua
GAH-fas day AH-goo'ah

gold (n)
el oro
OH-ro

goldfish (n)
el pececito de colores
pay-say-SEE-toh
day ko-LO-rehs

golf (n)
el golf
GOHLF

good (adj)
buen/bueno (m)
BOO'EN/BOO'EH-no

gorilla (n)
el gorila
go-REE-la

government (n)
el gobierno
go-BE'AIR-no

grandfather (n)
el abuelo
ah-BOO'AY-lo

grandmother (n)
la abuela
ah-BOO'AY-la

grandparents (n)
los abuelos
ah-BOO'AY-los

grape (n)
la uva
OO-ba

grass (n)
el pasto
PAS-toh

gray (adj)
gris
GREESS

great (adj)
gran (before noun)
GRAN

grande (after noun)
GRAN-day

green (adj)
verde
BAIR-day

greenhouse (n)
el invernadero
in-bair-nah-DAY-ro

ground (n)
la tierra
TE'AIR-rrah

group (n)
el grupo
GROO-po

guide (n)
la guía
GHEE-ah

guinea pig (n)
el conejillo de indias
ko-nay-HEE-l'yo
day IN-de'ahs

guitar (n)
la guitarra
ghee-TAH-rrah

gymnastics (n)
la gimnasia
Heem-NAH-se'ah

guitar
la guitarra

a
b
c
d
e
f
g
Hh
i
j
k
l
m
n
o
p
q
r
s
t
u
v
w
x
y
z

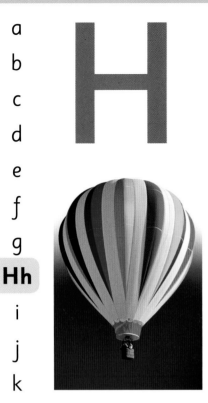

hot-air balloon
el globo aerostático

habitat (n)
el hábitat
AH-be-taht

hair (n)
el pelo
PAY-lo

hair salon (n)
la peluquería
pay-loo-kay-REE-ah

hairbrush (n)
el cepillo de pelo
say-PE-l'yo day PAY-lo

hairy (adj)
peludo (m)
pay-LOO-do

half (n)
la mitad
mee-TAHD

hall (n)
el vestíbulo
bays-TEE-boo-lo

hamster (n)
el hámster
HAHMS-tair

hand (n)
la mano
MAH-no

handbag (n)
el bolso
BOL-so

handkerchief (n)
el pañuelo
pah-N'YU'AY-lo

hang glider (n)
la ala delta
AH-la DAYL-tah

happy (adj)
feliz
fay-LEES

harbor (n)
el puerto
POO'AIR-to

hard (adj)
duro (m)
DOO-ro

hard drive (n)
el disco duro
DISS-ko DOOR-ro

hare (n)
la liebre
LEE'AY-bray

harvest (n)
la cosecha
ko-SAY-chah

hat (n)
el sombrero
som-BRAY-ro

hawk (n)
el halcón
ahl-KON

hay (n)
el heno
AY-no

he (pron)
él
EL

head (n)
la cabeza
kah-BAY-sa

headache (n)
el dolor de cabeza
doh-LOHR day kah-BAY-sa

healthy (adj)
sano (m)
SAH-no

heart (n)
el corazón
ko-rah-SON

heat (n)
el calor
kah-LOR

heavy (adj)
pesado (m)
pay-SAH-do

helicopter (n)
el helicóptero
eh-lee-KOP-tay-ro

helmet (n)
el casco
KAS-ko

help (n)
la ayuda
ah-YOO-da

her (adj)
su/sus (de ella)
SOO/SOOS

her (pron)
a ella
ah EH-l'ya

para ella
PAH-ra EH-l'ya

hero (n)
el héroe (m)
EH-ro'eh

la heroína (f)
eh-ro-EE-na

heron (n)
la garza
GAR-sah

hamster
el hámster

hers (pron)
suyo (de ella)
SOO-yo

hexagon (n)
el hexágono
eh-KSAH-goh-noh

hi
hola
OH-la

hide-and-seek (n)
las escondidas
ays-kon-DEE-das

high (adj)
alto (m)
AL-to

highway (n)
la autopista
ah'oo-to-PEES-tah

hill (n)
la colina
ko-LEE-na

him (pron)
a él
ah EL

para él
pah-ra EL

hip (n)
la cadera
ka-DAY-ra

his (adj)
su/sus (de él)
SOO/SOOS

his (pron)
suyo/suyos (de él)
SOO-yo/SOO-yos

historical (adj)
histórico (m)
iss-TO-re-ko

history (n)
la historia
iss-TO-re'ah

hive (n)
la colmena
kol-MAY-na

hobby (n)
el pasatiempo
pah-sah-TE'EM-po

hockey (n)
el hockey
HOH-kay

hole (n)
el agujero
ah-goo-HAY-ro

home (n)
la casa
KA-sa

homework (n)
la tarea
tah-RAY-ah

honey (n)
la miel
MEE'EL

hood (n)
la capucha
ka-POO-chah

horrible (adj)
horrible
oh-RREE-blay

horse (n)
el caballo
kah-BAH-l'yo

hospital (n)
el hospital
os-pe-TAHL

hot (adj)
caliente
ka-LE'AYN-tay

hot-air balloon (n)
el globo aerostático
*GLO-bo
ah-ay-ros-TAH-te-ko*

hot chocolate (n)
el chocolate caliente
*cho-ko-LAH-tay
ka-LE'AYN-tay*

hotdog (n)
el perrito caliente
*pay-REE-toh
ka-LE'AYN-tay*

hotel (n)
el hotel
oh-TEL

hour (n)
la hora
OH-rah

house (n)
la casa
KAH-sah

how (adv)
cómo
KO-mo

huge (adj)
enorme
ay-NOR-may

human (n)
el humano
oo-MAH-no

hummingbird (n)
el colibrí
ko-le-BREE

hungry (adj)
hambriento (m)
am-BREE'AYN-to

honey
la miel

hurricane (n)
el huracán
oo-rah-KAN

husband (n)
el esposo
ess-POH-so

a
b
c
d
e
f
g
Hh
i
j
k
l
m
n
o
p
q
r
s
t
u
v
w
x
y
z

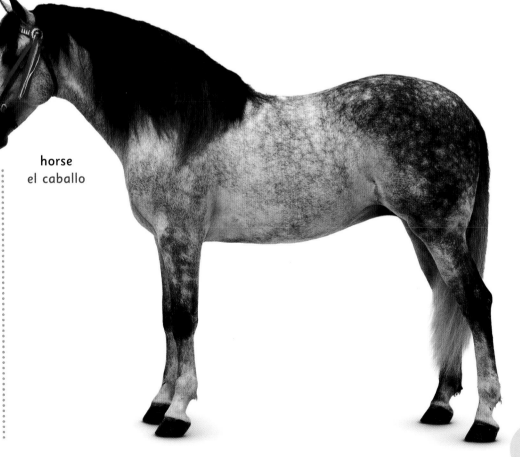

horse
el caballo

71

a
b
c
d
e
f
g
h
Ii
j
k
l
m
n
o
p
q
r
s
t
u
v
w
x
y
z

island
la isla

I (pron)
yo
YO

ice (n)
el hielo
E'AY-lo

ice cream (n)
el helado
eh-LAH-do

ice hockey (n)
el hockey sobre hielo
*HOH-kay so-bray
E'AY-lo*

ice cream
el helado

ice pop (n)
la paleta
pah-LAY-ta

ice-skating (n)
el patinaje sobre
hielo
*pah-te-NAH-Hay
SO-bray E'AY-lo*

idea (n)
la idea
ee-DEH-ah

ill (adj)
enfermo (m)
en-FAIR-mo

illness (n)
la enfermedad
en-fair-may-DAHD

immediately (adv)
inmediatamente
in-may-de'ah-tah-MEN-tay

important (adj)
importante
im-por-TAN-tay

impossible (adj)
imposible
im-poh-SEE-blay

information (n)
la información
in-for-ma-SE'ON

injury (n)
la lesión
leh-SE'ON

in-line skating (n)
el patinaje
en línea
*pah-te-NAH-Hay
en LEE-neh-ah*

insect (n)
el insecto
in-SEK-to

inside (prep)
dentro
DEN-tro

instruction (n)
la instrucción
ins-trook-SE'ON

instrument (n)
el instrumento
ins-troo-MEN-to

interesting (adj)
interesante
in-tay-ray-SAN-tay

international (adj)
internacional
in-tair-nah-se'o-NAHL

Internet (n)
la Internet
In-tair-NEHT

into (prep)
en
EN

invitation (n)
la invitación
in-be-tah-SE'ON

iron (clothes) (n)
la plancha
PLAN-chah

island (n)
la isla
EES-lah

it (pron)
ello
EH-l'yo

lo
LOH

its (adj)
su (de ello)
SOO

dress
el vestido

leg
la pierna

ice-skating
el patinaje sobre hielo

J

jug
la jarra

jacket (n)
la chaqueta
chah-KAY-ta

jam (n)
la mermelada
mair-meh-LAH-da

jeans (n)
los vaqueros
bah-KAY-ros

jellyfish (n)
la medusa
meh-DOO-sa

jet (n)
el avión
ah-BE'ON

jewel (n)
la joya
HOH-ya

jewelry (n)
la joyería
Hoh-yay-REE-ah

job (n)
el trabajo
tra-BAH-Ho

joke (n)
el chiste
CHEES-tay

judo (n)
el judo
JOO-do

jug (n)
la jarra
HAH-rrah

juice (n)
el jugo
HOO-go

jump rope (n)
la cuerda de saltar
*KOO'AIR-da day
sal-TAR*

jungle (n)
la jungla
HOON-glah

just (adv)
solo
SOH-lo

jeans
los vaqueros

K

kite
la cometa

kangaroo (n)
el canguro
kan-GOO-ro

karate (n)
el karate
ka-RAH-tay

kettle (n)
el hervidor
air-BE-dor

key (n)
la llave
L'YA-bay

keyboard (n)
el teclado
tay-KLA-do

kind (gentle) (adj)
amable
ah-MAH-blay

kind (type) (n)
el tipo
TEE-po

king (n)
el rey
RRAY

kiss (n)
el beso
BAY-so

kitchen (n)
la cocina
ko-SEE-na

kite (n)
la cometa
ko-MAY-ta

kitten (n)
el gatito
gah-TEE-to

knee (n)
la rodilla
rroh-DEE-l'ya

knife (n)
el cuchillo
koo-CHEE-l'yo

knight (n)
el caballero
kah-bah-L'YAY-ro

knot (n)
el nudo
NOO-do

koala (n)
el koala
ko-AH-la

tail
la cola

kitten
el gatito

a
b
c
d
e
f
g
h
i
Jj
Kk
l
m
n
o
p
q
r
s
t
u
v
w
x
y
z

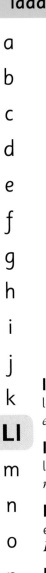

a
b
c
d
e
f
g
h
i
j
k
Ll
m
n
o
p
q
r
s
t
u
v
w
x
y
z

L

lemon
el limón

ladder (n)
la escalera
ess-kah-LAY-rah

ladybug (n)
la mariquita
mah-ree-KEE-ta

lake (n)
el lago
LAH-go

lamb (n)
el cordero
kor-DAY-roh

lamp (n)
la lámpara
LAM-pah-rah

land (n)
la tierra
TE'AY-rrah

language (n)
el idioma
e-DEE'OH-ma

laptop (n)
la computadora portátil
*kom-poo-tah-DOO-rah
pohr-TAH-teel*

last (adj)
último (m)
OOL-te-mo

late (adv)
tarde
TAHR-day

law (n)
la ley
LAY

lawn (n)
el césped
SESS-payd

lawn mower (n)
el cortacésped
kor-tah-SESS-payd

layer (n)
la capa
KAH-pa

lazy (adj)
perezoso (m)
pay-ray-SOH-so

leaf (n)
la hoja
OH-Hah

leather (n)
el cuero
KOO'AY-roh

left (side) (n)
la izquierda
ees-KE'AIR-da

left-handed (adj)
zurdo (m)
SOOR-doh

leg (n)
la pierna
PE'AIR-nah

lemon (n)
el limón
lee-MON

lemonade (n)
la limonada
lee-mo-NAH-da

leopard (n)
el leopardo
lay-oh-PAHR-do

lesson (n)
la lección
lek-SE'ON

letter (alphabet) (n)
la letra
LAY-trah

letter (mail) (n)
la carta
KAR-tah

lettuce (n)
la lechuga
lay-CHOO-gah

level (n)
el nivel
nee-BEL

library (n)
la biblioteca
be-ble'oh-TAY-ka

lid (n)
la tapa
TAH-pah

life (n)
la vida
BEE-dah

lifeboat (n)
el bote salvavidas
BO-tay sal-bah-BEE-das

lifeguard (n)
el salvavidas
sal-bah-BEE-das

life jacket (n)
el chaleco salvavidas
*chah-LAY-ko
sal-bah-BEE-das*

light (n)
la luz
LOOS

light (not heavy) (adj)
ligero (m)
lee-HAY-ro

light (not dark) (adj)
claro (m)
KLAH-ro

light bulb (n)
la bombilla
bohm-BEE-l'ya

lighthouse (n)
el faro
FAH-ro

lightning (n)
el relámpago
ray-LAM-pah-go

like (prep)
como
KOH-mo

line (n)
la línea
LEE-nay-ah

lion (n)
el león
lay-ON

lipstick (n)
el lápiz de labios
*LAH-pis day
LAH-be'os*

liquid (n)
el líquido
LEE-ke-do

list (n)
la lista
LEES-tah

little (adj)
pequeño (m)
pay-KAY-n'yo

living room (n)
la sala
SAH-la

lizard
el lagarto

M

lizard (n)
el lagarto
lah-GAR-to

lobster (n)
la langosta
lan-GOSS-ta

location (n)
la ubicación
oo-be-ka-SE'ON

long (adj)
largo (m)
LAHR-go

loop (n)
el lazo
LA-sso

loose (adj)
suelto (m)
SOO'ELL-to

(a) lot (adj)
mucho (m)
MOO-choh

loud (adj)
alto (m)
AHL-to

lovely (adj)
encantador (m)
en-kan-tah-DOR

low (adj)
bajo (m)
BAH-Hoh

lucky (adj)
afortunado (m)
ah-for-too-NAH-do

luggage (n)
el equipaje
eh-kee-PAH-Heh

lunch (n)
el almuerzo
al-MO'AIR-soh

lunch box (n)
la lonchera
lohn-CHAY-rah

magnet
el imán

machine (n)
la máquina
MAH-kee-na

magazine (n)
la revista
ray-BES-tah

magician (n)
el mago
MAH-go

magnet (n)
el imán
e-MAHN

magnetic (adj)
magnético (m)
mag-NEH-te-ko

magnifying glass (n)
la lupa
LOO-pa

mail (n)
el correo
ko-RRAY-oh

mail carrier (n)
la cartera (f)
el cartero (m)
kar-TAY-rah/roh

mailbox (n)
el buzón
boo-SON

main (adj)
principal
preen-se-PAL

makeup (n)
el maquillaje
mah-kee-L'YAH-Heh

male (n)
el varón
bah-RON

mammal (n)
el mamífero
mah-MEE-fay-ro

man (n)
el hombre
OM-bray

map (n)
el mapa
MAH-pa

marble (toy) (n)
la canica
ka-NEE-kah

mark (n)
la marca
MAR-ka

marker (n)
el marcador
mahr-ka-DOR

market (n)
el mercado
mair-KAH-do

married (adj)
casado (m)
ka-SAH-do

mask (n)
la máscara
MAHS-kah-rah

mat (n)
el felpudo
fell-POO-do

match (n)
el partido
pahr-TE-do

matchbox (n)
la caja de cerillas
KAH-Ha day say-REE-l'yahs

math (n)
las matemáticas
mah-tay-MAH-tee-kas

maybe (adv)
quizás
kee-SASS

tal vez
tahl BESS

me (pron)
me
MAY

a mí
ah MEE

meal (n)
la comida
ko-ME-da

meaning (n)
el significado
seeg-nee-fee-KAH-do

measurement (n)
la medida
may-DEE-da

meat (n)
la carne
KAR-nay

medicine (n)
la medicina
may-de-SEE-na

melon (n)
el melón
may-LON

melon
el melón

a b c d e f g h i j k **Ll Mm** n o p q r s t u v w x y z

a
b
c
d
e
f
g
h
i
j
k
l

Mm

n
o
p
q
r
s
t
u
v
w
x
y
z

milkshake
el batido

menu (n)
el menú
may-NOO

merry-go-round (n)
la rueda
RROO'AY-dah

mess (n)
el lio
LEE-oh

message (n)
el mensaje
men-SAH-He

metal (n)
el metal
may-TAHL

microwave (n)
el microondas
mee-kroh-ON-dahs

middle (n)
el medio
MEH-de'oh

midnight (n)
la medianoche
MEH-de'ah-NO-chay

milk (n)
la leche
LAY-chay

milkshake (n)
el batido
bah-TEE-do

million
millón
mee-L'YON

mineral (n)
el mineral
mee-nay-RAHL

minute (time) (n)
el minuto
mee-NOO-to

mirror (n)
el espejo
ess-PAY-Ho

mistake (n)
el error
eh-RROR

mitten (n)
la manopla
mah-NOH-pla

mixture (n)
la mezcla
MES-kla

modeling clay (n)
la plastilina
plas-te-LEE-na

mom (n)
la mamá
mah-MAH

money (n)
el dinero
de-NAY-roh

mitten
la manopla

monkey (n)
el mono
MOH-no

monster (n)
el monstruo
MONS-troo'oh

month (n)
el mes
MESS

moon (n)
la luna
LOO-na

more than (adj)
más de
MAHS day

morning (n)
la mañana
mah-N'YA-na

moth (n)
la polilla
poh-LEE-l'ya

mother (n)
la madre
MAH-dray

motor (n)
el motor
MOH-tor

motorcycle (n)
la motocicleta
mo-to-see-KLAY-tah

mountain (n)
la montaña
mon-TAH-n'ya

mountain bike (n)
la bicicleta de
montaña
be-se-KLAY-tah day
mon-TAH-n'ya

**mouse (animal/
computer) (n)**
el ratón
rah-TON

moustache (n)
el bigote
be-GOH-tay

mouth (n)
la boca
BOH-ka

movie (n)
la película
pay-LE-koo-lah

mud (n)
el barro
BAH-rro

muddy (adj)
embarrado (m)
em-bah-RRAH-do

mug (n)
la taza
TAH-sa

museum (n)
el museo
moo-SAY-oh

mushroom (n)
el hongo
ON-go

music (n)
la música
MOO-see-ka

musician (n)
el músico
MOO-see-ko

la música
MOO-see-ka

my (adj)
mi/mis (sing/plu)
MEE/MEES

mushroom
el hongo

N

necklace
el collar

nail (fingers/toes) (n)
la uña
OO-n'ya

name (n)
el nombre
NOM-bray

narrow (adj)
estrecho (m)
ess-TRAY-choh

national (adj)
nacional
na-se'oh-NAHL

nature (n)
la naturaleza
nah-too-rah-LAY-sah

naughty (adj)
travieso (m)
trah-BEE'AY-soh

nest
el nido

near (adv)
cerca
SAIR-kah

nearly (adv)
casi
KAH-see

neck (n)
el cuello
KOO'EH-l'yo

necklace (n)
el collar
koh-L'YAR

needle (n)
la aguja
ah-GOO-Ha

neighbor (n)
la vecina (f)
el vecino (m)
beh-SEE-nah/no

neighborhood (n)
el barrio
BA-rre'oh

nephew (n)
el sobrino
soh-BREE-no

nest (n)
el nido
NEE-doh

net (n)
la red
RRED

never (adv)
nunca
NOON-ka

new (adj)
nuevo (m)
NOO'AY-bo

news (n)
la noticia
no-tee-SEE'AH

newspaper (n)
el periódico
pay-REE'OH-de-ko

el diario
DE'AH-re'oh

next (adj)
siguiente
see-GHEE'EN-tay

nice (adj)
bonito (m)
boh-NEE-toh

niece (n)
la sobrina
soh-BREE-na

night (n)
la noche
NOH-chay

nobody (pron)
nadie
nah-DE'AY

noisy (adj)
ruidoso (m)
roo'ee-DO-so

noodles (n)
los fideos
fee-DAY-ohs

north (n)
el norte
NOR-tay

nose (n)
la nariz
nah-REES

note (n)
la nota
NO-tah

noodles
los fideos

notebook (n)
la libreta
lee-BRAY-tah

el cuaderno
koo'ah-DER-no

nothing (pron)
nada
NAH-dah

now (adv)
ahora
ah-OH-rah

nowhere (adv)
en ninguna parte
en neen-GOO-nah PAR-tay

number (n)
el número
NOO-may-roh

nurse (n)
el enfermero
en-fair-MAY-ro

la enfermera
en-fair-MAY-ra

nursery (n)
el cuarto de los niños
KOO'AR-toh day loss NEE-n'yos

marker
el marcador

notebook
la libreta

a
b
c
d
e
f
g
h
i
j
k
l
m
Nn
o
p
q
r
s
t
u
v
w
x
y
z

77

a
b
c
d
e
f
g
h
i
j
k
l
m
n

Oo

p
q
r
s
t
u
v
w
x
y
z

ocean
el océano

oar (n)
el remo
RAY-moh

object (n)
el objeto
ob-HAY-to

ocean (n)
el océano
oh-SAY-ah-no

office (n)
la oficina
oh-fee-SEE-na

often (adv)
a menudo
ah may-NOO-do

oil (n)
el aceite
ah-SAY'EE-tay

old (adj)
viejo (m)
BE'AY-Ho

old person (n)
la anciana (f)
el anciano (m)
ahn-SEE'AH-na/no

Olympic Games (n)
los Juegos
Olímpicos
HOO'AY-gos
oh-LEEM-pe-kos

on top of (prep)
encima de
en-SEE-mah day

onion (n)
la cebolla
say-BOH-l'yah

only (adv)
solo
soh-lo

open (adj)
abierto (m)
ah-BE'AIR-toh

opening hours (n)
el horario
oh-RAH-re'oh

operation (n)
la operación
oh-pay-rah-SE'ON

opposite (adj)
opuesto (m)
oh-POO'AYS-toh

or (conj)
o
OH

orange
la naranja

orange juice
el jugo de naranja

orange (color) (adj)
anaranjado (m)
ah-nah-ran-HAH-do

orange (fruit) (n)
la naranja
nah-RAHN-Hah

orange juice (n)
el jugo de naranja
HOO-goh day
nah-RAHN-Hah

orchestra (n)
la orquesta
or-KAYS-tah

other (adj)
otro (m)
OH-troh

Ouch!
¡Ay!
eye

our (adj)
nuestro/nuestros
(m, sing/plu)
noo-AYS-troh/
noo-AYS-tros

nuestra/nuestras
(f, sing/plu)
noo-AYS-trah/
noo-AYS-tras

out of (prep)
fuera de
FOO'AY-rah day

outside (adv)
fuera
FOO'AY-rah

oval (n)
el óvalo
OH-bah-lo

oven (n)
el horno
OHR-no

oven mitt (n)
la manopla
mah-NO-plah

over there (adv)
allí
ah-L'YEE

allá
ah-L'YAH

owl (n)
el búho
BOO-oh

own (adj)
propio (m)
PROH-pe'oh

owl
el búho

P

paint can
la lata de pintura

page (n)
la página
PAH-Hee-na

paint brush (n)
el pincel
peen-SELL

paint can (n)
la lata de pintura
LAH-ta day peen-TOO-rah

painting (n)
la pintura
peen-TOO-rah

pair (n)
la pareja
pah-RAY-Ha

pajamas (n)
el pijama
pee-HAH-ma

palm tree (n)
la palmera
pal-MAY-ra

pancake (n)
el panqueque
pan-KAY-kay

panda (n)
el panda
PAHN-dah

pants (n)
los pantalones
pan-ta-LOH-ness

paper (n)
el papel
pah-PEL

paper towel (n)
la servilleta
de papel
sair-bee-L'YEH-tah
day PAH-pel

parade (n)
el desfile
des-FEE-lay

parasol (n)
la sombrilla
som-BREE-l'yah

parents (n)
los padres
PAH-dress

park (n)
el parque
PAHR-kay

parrot (n)
el loro
LOH-roh

part (n)
la parte
PAR-tay

party (n)
la fiesta
FEE'AYS-tah

passenger (n)
la pasajera
el pasajero
pah-sah-HAY-ra/ro

passport (n)
el pasaporte
pah-sah-POR-tay

past (n)
el pasado
pah-SAH-do

past (prep)
después (de)
des-POO'AYS (day)

pasta (n)
la pasta
PAS-tah

path (n)
el sendero
sen-DAY-ro

patient (adj)
paciente
pah-SEE'EN-tay

patient (n)
el paciente
pah-SEE'EN-tay

la paciente
pah-SEE'EN-tay

pattern (n)
el patrón
pah-TRON

paw (n)
la pata
PAH-ta

pay (n)
el salario
sah-LAH-re'o

pea (n)
el guisante
ghee-SAN-tay

la arveja
ahr-BEH-Hah

peace (n)
la paz
PAS

peaceful (adj)
tranquilo (m)
tran-KEE-lo

pear
la pera

peanut (n)
el cacahuate
kah-ka-OO'AH-tay

el maní
mah-NEE

pear (n)
la pera
PAY-ra

pebble (n)
el guijarro
ghee-HAH-rro

pedal (n)
el pedal
pay-DAHL

pelican (n)
el pelícano
pay-LEE-kah-no

pen (n)
la pluma
PLOO-mah

pencil (n)
el lápiz
LAH-pis

beak
el pico

wing
el ala

pelican
el pelícano

a
b
c
d
e
f
g
h
i
j
k
l
m
n
o
Pp
q
r
s
t
u
v
w
x
y
z

79

pencil case (n)
el plumier
ploo-MEE'AIR

el estuche (para lápices)
*es-TOO-cheh (PAH-rah
LAH-pe-sayhs)*

penguin (n)
el pingüino
peen-GOO'E-no

pentagon (n)
el pentágono
pen-TAH-goh-noh

people (n)
la gente
HEN-tay

pepper (n)
la pimienta
pe-ME'EN-tah

perfect (adj)
perfecto (m)
pair-FEK-toh

perhaps (adv)
quizá
kee-SAH

quizás
kee-SASS

person (n)
la persona
pair-SOH-na

pet (n)
la mascota
mass-KOH-ta

pharmacist (n)
la farmacéutica (f)
el farmacéutico (m)
far-mah-SAY'OO-te-ka/ko

phone (n)
el teléfono
tay-LAY-fo-no

photo (n)
la foto
FOH-to

phrase (n)
la frase
FRAH-say

piano (n)
el piano
PE'AH-no

picnic (n)
el picnic
PEEK-neek

picture (n)
el dibujo
de-BOO-Ho

piece (n)
la pieza
PE'AY-sah

pig (n)
el cerdo
SAIR-do

pillow (n)
la almohada
al-moh-AH-da

pilot (n)
el/la piloto
pe-LOH-to

pine tree (n)
el pino
PEE-no

pineapple (n)
la piña
PEE-n'ya

pinecone (n)
la piña
PEE-n'ya

ping-pong (n)
el tenis de mesa
TAY-niss day may-sa

pinecone
la piña

pink (adj)
rosa
RROH-sa

pizza (n)
la pizza
PEET-sa

place (n)
el lugar
loo-GAR

plane (n)
el avión
ah-BEE'ON

planet (n)
el planeta
plah-NAY-ta

plant (n)
la planta
PLAHN-ta

plastic (adj)
plástico (m)
PLASS-te-ko

plastic bag (n)
la bolsa de plástico
*BOL-sah day
PLASS-te-ko*

plate (n)
el plato
PLAH-to

Pp

piano
el piano

pine tree
el pino

platform (n)
la plataforma
plah-ta-FOR-ma

play (n)
el juego
HOO'AY-go

player (n)
el jugador (m)
la jugadora (f)
Hoo-gah-DOR/DO-ra

playground (n)
el parque infantil
*PAHR-kay
in-fan-TEEL*

playtime (n)
el recreo
ray-KRAY-oh

please (adv)
por favor
POR fah-BOR

plug (n)
el enchufe
en-CHOO-fay

pocket (n)
el bolsillo
bol-SEE-l'yo

pocket money (n)
la mesada
meh-SAH-dah

point (n)
el punto
POON-to

pointed (adj)
puntiagudo (m)
poon-te'ah-GOO-do

polar bear (n)
el oso polar
O-so poh-LAR

pole (n)
el polo
POH-lo

police (n)
la policía
poh-le-SEE-ah

police car (n)
el coche de policía
*KO-chay day
poh-le-SEE-ah*

police helicopter (n)
el helicóptero de
la policía
*eh-le-KOP-tay-ro day
lah poh-le-SEE-ah*

pollution (n)
la polución
poh-loo-SE'ON

pond (n)
el estanque
es-TAN-kay

poor (adj)
pobre
POH-bray

popular (adj)
popular
po-poo-LAHR

possible (adj)
posible
po-SEE-blay

post office (n)
la oficina de correos
*o-fe-SEE-nah day
ko-RRAY-ohs*

postcard (n)
la postal
pos-TAHL

poster (n)
el cartel
kar-TELL

potato (n)
la papa
PA-pa

pouch (n)
la bolsa
BOL-sah

puppy
el perrito

powder (n)
el polvo
POHL-boh

present (n)
el regalo
ray-GAH-lo

president (n)
la presidenta (f)
el presidente (m)
pray-see-DEN-tah/tay

pretty (adj)
bonito (m)
boh-NEE-toh

lindo (m)
LEEN-doh

price (n)
el precio
PRAY-se'oh

prince (n)
el príncipe
PREEN-se-pay

princess (n)
la princesa
preen-SAY-sah

prize (n)
el premio
PRAY-me'oh

probably (adv)
probablemente
*pro-BAH-blay-
MEN-tay*

problem (n)
el problema
pro-BLAY-mah

program (n)
el programa
pro-GRAH-ma

project (n)
el proyecto
pro-YEHK-to

pudding (n)
el pudin
POO-deen

pumpkin (n)
la calabaza
ka-la-BAH-sa

puppet (n)
la marioneta
mah-re'oh-NAY-ta

puppet show (n)
el espectáculo de
marionetas
*ess-pehk-TAH-koo-lo day
mah-re'oh-NAY-tas*

puppy (n)
el perrito
pair-RREE-to

purple (adj)
violeta
be'oh-LAY-ta

purse (n)
el bolso
BOL-so

puzzle (n)
el rompecabezas
rrom-pay-kah-BAY-sas

a
b
c
d
e
f
g
h
i
j
k
l
m
n
o
Pp
q
r
s
t
u
v
w
x
y
z

81

a
b
c
d
e
f
g
h
i
j
k
l
m
n
o
p
Qq
Rr
s
t
u
v
w
x
y
z

Q R

queen
la reina

quarter (n)
el cuarto
KOO'AR-toh

queen (n)
la reina
RRAY-na

question (n)
la pregunta
preh-GOON-tah

quickly (adv)
deprisa
day-PREE-sa

quiet (adj)
tranquilo (m)
tran-KEE-Io

quietly (adv)
sin hacer ruido
sin ah-SAIR ROO'EE-do

quiz (n)
la prueba
PROO'AY-ba

rabbit (n)
el conejo
ko-NAY-ho

race (n)
la carrera
ka-RRAY-ra

race car (n)
el coche de carreras
KO-chay day
ka-RRAY-ras

racket (n)
la raqueta
rrah-KAY-ta

radio (n)
la radio
RRAH-de'oh

rain (n)
la lluvia
LYU-be'ah

rain forest (n)
la selva tropical
SELL-bah tro-pe-KAHL

rainbow (n)
el arcoiris
ar-ko-EE-ris

raincoat (n)
el chubasquero
choo-bas-KAY-roh

rake (n)
el rastrillo
rrass-TREE-l'yo

raspberry (n)
la frambuesa
fram-boo'AY-sa

rat (n)
la rata
RRAH-ta

reading (n)
la lectura
lek-TOO-ra

ready (adj)
listo (m)
LEES-to

real (adj)
real
rray-AHL

really (adv)
realmente
rray-AHL-MEN-tay

receipt (n)
el recibo
rray-SE-bo

recipe (n)
la receta
rray-SAY-ta

rectangle (n)
el rectángulo
rrehk-TAN-goo-lo

race car
el coche de carreras

red (adj)
rojo (m)
RROH-Ho

refrigerator (n)
el refrigerador
reh-free-Hay-ra-DOR

remote control (n)
el control remoto
kon-TROL
ray-MOH-toh

report (n)
el informe
in-FOR-may

rescue (n)
el rescate
rress-KAH-tay

restaurant (n)
el restaurante
ress-ta'oo-RAN-tay

rhinoceros (n)
el rinoceronte
rree-no-say-RON-tay

ribbon (n)
la cinta
SEEN-tah

rice (n)
el arroz
ah-RROS

rich (adj)
rico (m)
RREE-koh

right (side) (n)
la derecha
day-RAY-chah

right (correct) (adj)
correcto (m)
kor-RREK-to

ring (n)
el anillo
ah-NEE-l'yo

ripe (adj)
maduro (m)
mah-DOO-ro

river (n)
el río
REE-oh

road (n)
el camino
ka-MEE-no

robot (n)
el robot
rro-BOT

rock (n)
la roca
ROH-ka

rocket (n)
el cohete
ko-AY-tay

rocket ship (n)
el cohete
espacial
ko-AY-tay
ess-pah-SE'AHL

roll (n)
el panecillo
pah-neh-SEE-l'yo

roller-skating (n)
el patinaje
pah-tee-NAH-hay

roof (n)
el tejado
tay-HA-do

room (n)
el cuarto
KOO'AR-toh

root (n)
la raíz
rah-EES

rope (n)
la cuerda
KOO'AIR-da

rose (n)
la rosa
RROH-sa

rough (adj)
rugoso (m)
rroo-GO-so

round (adj)
redondo (m)
rray-DON-do

route (n)
la ruta
ROO-ta

rowboat (n)
el bote de remos
BOH-tay day REH-mos

rubber band (n)
el elástico
eh-LAHS-te-ko

rug (n)
el tapete
tah-PAY-tay

rugby (n)
el rugby
RROOG-be

**ruler
(measuring) (n)**
la regla
RAY-glah

S

saddle
la silla de
montar

sack (n)
el saco
SAH-ko

sad (adj)
triste
TRISS-tay

saddle (n)
la silla de montar
SEE-l'yah day mon-TAR

safe (adj)
seguro (m)
say-GOO-ro

sail (n)
la vela
BAY-la

sailboat (n)
el velero
bay-LAY-ro

sailor (n)
el marinero
mah-ree-NAY-ro

salad (n)
la ensalada
en-sa-LAH-da

salesclerk
el dependiente
deh-pen-DEE'EN-teh

salt (n)
la sal
SAHL

same (adj)
mismo (m)
MEES-moh

sand (n)
la arena
ah-RAY-na

sandal (n)
la sandalia
san-DAH-le'ah

sandcastle (n)
el castillo de arena
kass-TEE-l'yo
day ah-RAY-na

sandwich (n)
el sándwich
SAHND-oo'ich

saucepan (n)
el cazo
KAH-so

scarf (n)
la bufanda
boo-FAHN-da

school (n)
la escuela
ess-KOO'AY-la

school bag (n)
la bolsa de la escuela
BOL-sah day la
ess-KOO'AY-la

school uniform (n)
el uniforme escolar
oo-nee-FOHR-may
ess-ko-LAR

scarf
la bufanda

a
b
c
d
e
f
g
h
i
j
k
l
m
n
o
p
q
Rr
Ss
t
u
v
w
x
y
z

83

a
b
c
d
e
f
g
h
i
j
k
l
m
n
o
p
q
r

Ss

t
u
v
w
x
y
z

scissors
las tijeras

science (n)
las ciencias
SEE'EN-see'as

scientist (n)
la científica (f)
el científico (m)
see'ehn-TEE-fee-ka/ko

scissors (n)
las tijeras
tee-HAY-ras

score (n)
el puntaje
poon-TAH-Hay

screen (n)
la pantalla
pan-TAH-l'ya

sea (n)
el mar
MAHR

sea lion (n)
el león marino
lay-ON ma-REE-no

seafood (n)
el marisco
ma-REES-ko

seagull (n)
la gaviota
ga-be'OH-ta

seal (n)
la foca
FOH-ka

seaside (n)
la orilla del mar
o-REE-l'ya dell MAHR

season (n)
la estación
ess-tah-SE'ON

seaweed (n)
el alga
AHL-ga

second (adj)
segundo (m)
say-GOON-do

seed (n)
la semilla
say-MEE-l'ya

semicircle (n)
el semicírculo
say-me-SEER-koo-lo

sense (n)
el sentido
sen-TEE-do

shadow (n)
la sombra
SOHM-bra

shallow (adj)
poco profundo (m)
POH-ko pro-FOON-do

shampoo (n)
el champú
cham-POO

shape (n)
la figura
fe-GOO-ra

shark (n)
el tiburón
te-boo-RON

sharp (adj)
afilado (m)
a-fee-LAH-do

she (pron)
ella
EH-l'ya

sheep (n)
la oveja
o-BAY-Hah

sheepdog (n)
el perro pastor
PAIR-rro pass-TOR

sheet (on bed) (n)
la sábana
SAH-ba-na

shelf (n)
el estante
ess-TAHN-tay

shell (n)
la concha
KOHN-cha

shiny (adj)
brillante
bree-L'YAN-tay

ship (n)
el barco
BAR-ko

shirt (n)
la camisa
ka-MEE-sa

shoe (n)
el zapato
sa-PAH-to

shop (n)
la tienda
TEE'AYN-da

shopkeeper (n)
el vendedor
ben-day-DOR

la vendedora
ben-day-dor-RAH

shopper (n)
la clienta (f)
el cliente (m)
klee-EN-tah/tay

shopping bag (n)
la bolsa de la compra
BOL-sah day la KOM-prah

shopping cart (n)
el carrito de compras
ka-RREE-toh day KOM-prahs

shopping list (n)
la lista de la compra
LEES-tah day la KOM-prah

shore (n)
la costa
KOSS-tah

short (adj)
corto (m)
KOR-to

shorts (n)
los pantalones cortos
pan-ta-LOH-ness KOR-tos

shoulder (n)
el hombro
OM-bro

shovel (n)
la pala
PAH-la

show (n)
el espectáculo
ess-pehk-TAH-koo-lo

wool
la lana

sheep
las ovejas

skateboard
el monopatín

shower (n)
la ducha
DOO-chah

shy (adj)
tímido (m)
TEE-me-do

sick (adj)
enfermo (m)
en-FAIR-mo

sidewalk (n)
el pavimento
pah-be-MEN-to

sign (n)
la señal
say-N'YAL

simple (adj)
sencillo (m)
sen-SEE-l'yo

sink (bathroom) (n)
el lavabo
lah-BAH-bo

sink (kitchen) (n)
el fregadero
fray-ga-DEH-ro

sister (n)
la hermana
air-MAH-nah

size (n)
el tamaño
ta-MAH-n'yo

skate (n)
el patín
pa-TEEN

skateboard (n)
el monopatín
mo-no-pa-TEEN

skating (n)
el patinaje
pa-te-NAH-Hay

skeleton (n)
el esqueleto
ess-kay-LEH-to

skis (n)
los esquís
ess-KEES

skin (n)
la piel
PE'AYL

skirt (n)
la falda
FAHL-da

sky (n)
el cielo
SEE'AY-lo

skyscraper (n)
el rascacielos
rass-ka-SEE'AY-los

sled (n)
el trineo
tree-NAY-oh

sleeping bag (n)
el saco de dormir
SAH-ko day dor-MEER

sleeve (n)
la manga
MAHN-ga

slipper (n)
la zapatilla
sa-pa-TEE-l'ya

slow (adj)
lento (m)
LEN-to

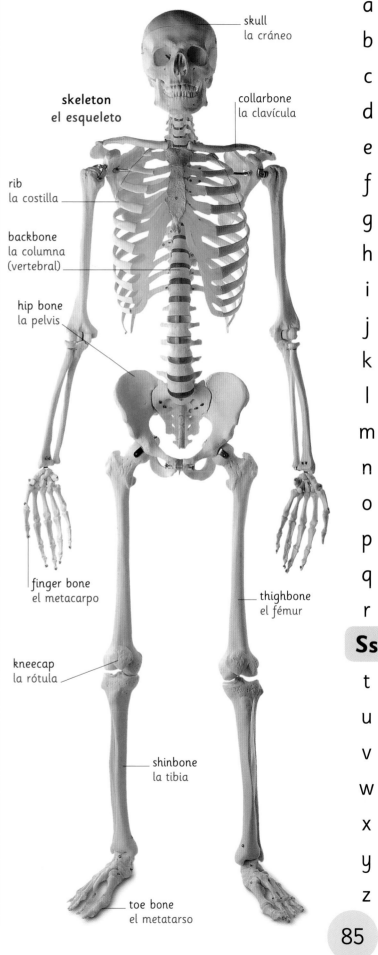

skeleton
el esqueleto

skull
la cráneo

collarbone
la clavícula

rib
la costilla

backbone
la columna
(vertebral)

hip bone
la pelvis

finger bone
el metacarpo

thighbone
el fémur

kneecap
la rótula

shinbone
la tibia

toe bone
el metatarso

a
b
c
d
e
f
g
h
i
j
k
l
m
n
o
p
q
r
Ss
t
u
v
w
x
y
z

a
b
c
d
e
f
g
h
i
j
k
l
m
n
o
p
q
r

Ss

t
u
v
w
x
y
z

tail
la cola

snake
la serpiente

head
la cabeza

slowly (adv)
despacio
dess-PAH-se'oh

small (adj)
pequeño (m)
pay-KAY-n'yo

smart (adj)
listo (m)
LEES-toh

smartphone (n)
el teléfono inteligente
teh-LEH-fo-no
in-teh-lee-HEN-teh

smell (n)
el olor
o-LOR

smoke (n)
el humo
OO-mo

smooth (adj)
liso (m)
LEE-so

snail (n)
el caracol
ka-ra-KOHL

snake (n)
la serpiente
sair-PEE'EN-tay

sneakers (n)
las zapatillas deportivas
sa-pah-TEE-l'yahs
day-por-TEE-bas

snow (n)
la nieve
NEE'AY-bay

snowball (n)
la bola de nieve
BOH-la day
NEE'AY-bay

snowboard (n)
el snowboard
ess-NOH'OO-bord

snowflake (n)
el copo de nieve
KOH-po day
NEE'AY-bay

snowman (n)
el muñeco de nieve
moo-N'YEH-ko
day NEE'AY-bay

soap (n)
el jabón
Hah-bon

soccer (n)
el fútbol
FOOT-bol

soccer ball (n)
el balón de fútbol
bah-LON day FOOT-bol

shell
la concha

snail
el caracol

sock (n)
el calcetín
kal-say-TEEN

sofa (n)
el sofá
soh-FAH

soft (adj)
blando (m)
BLAHN-do

soil (n)
la tierra
TE'AY-rrah

soldier (n)
el soldado
sol-DAH-do

solid (n)
el sólido
SOH-le-do

some (adj)
algunos (m)
ahl-GOO-nos

someone (pron)
alguien
AHL-ghee'en

something (pron)
algo
AHL-go

sometimes (adv)
a veces
ah BAY-sehs

soon (adv)
pronto
PROHN-to

south (n)
sur
SOOR

souvenir (n)
el recuerdo
ray-KOO'AIR-do

space (n)
el espacio
ess-PAH-se'oh

spade (n)
la pala
PAH-lah

spaghetti (n)
los espaguetis
ess-pa-GAY-tees

Spanish (n)
el español
ess-pa-N'YOL

speakers (n)
los parlantes
pahr-LAHN-tay

special (adj)
especial
ess-pay-SE'AHL

speech (n)
el discurso
diss-KOOR-so

spider (n)
la araña
ah-RA-n'ya

sponge (n)
la esponja
es-PON-Hah

spoon (n)
la cuchara
koo-CHAH-ra

sport (n)
el deporte
day-POR-tay

spots (n)
las manchas
MAHN-chas

starfish
la estrella de mar

spring (season) (n)
la primavera
pree-ma-BAY-ra

square (n)
el cuadrado
koo'ah-DRAH-do

squirrel (n)
la ardilla
ahr-DEE-l'ya

stairs (n)
las escaleras
ess-kah-LAY-ras

stamp (n)
el sello
SAY-l'yo

star (n)
la estrella
ess-TRAY-l'ya

starfish (n)
la estrella de mar
*ess-TRAY-l'ya day
MAHR*

station (n)
la estación
ess-tah-SE'ON

statue (n)
la estatua
ess-TAH-too'ah

steam (n)
el vapor
bah-POR

steep (adj)
empinado (m)
em-pee-NAH-do

stem (n)
el tallo
TAH-l'yo

step (n)
el paso
PAH-so

stepbrother (n)
el hermanastro
air-mah-NASS-troh

stepfather (n)
el padrastro
pah-DRAHS-tro

stepmother (n)
la madrastra
mah-DRAHS-tra

stepsister (n)
la hermanastra
air-mah-NASS-trah

stick (n)
el palo
PAH-lo

sticker (n)
la pegatina
pay-gah-TEE-na

sticky (adj)
pegajoso (m)
pay-gah-HOH-so

still (adj)
quieto (m)
KEE'AY-to

stomach (n)
el estómago
ess-TOH-ma-go

stone (n)
la piedra
PEE'AY-dra

stormy (adj)
tempestuoso (m)
tem-pess-TOO'OH-so

story (n)
el cuento
KOO'EN-to

stove (n)
la cocina
ko-SEE-na

straight (adj)
recto (m)
RREK-to

strange (adj)
extraño (m)
eks-TRAH-n'yo

straw (n)
la paja
PAH-Hah

strawberry (n)
la fresa
FRAY-sa

street (n)
la calle
KAH-l'ye

strawberry
la fresa

strict (adj)
estricto (m)
ess-TREEK-to

string (n)
la cuerda
KOO'AIR-da

stripe (n)
la raya
RRAH-yah

strong (adj)
fuerte
FOO'AIR-tay

student (n)
el/la estudiante
ess-too-DEE'AHN-tay

stupid (adj)
estúpido (m)
ess-TOO-pe-do

subject (n)
la materia
mah-TEH-re'ah

submarine (n)
el submarino
soob-mah-REE-no

subway (n)
el metro
MAY-tro

suddenly (adv)
de repente
day ray-PEN-tay

sugar (n)
el azúcar
ah-SOO-kar

suit (n)
el traje
TRAH-Hay

suitcase (n)
la maleta
ma-LAY-ta

summer (n)
el verano
bay-RAH-no

summit (n)
la cumbre
KOOM-bray

a
b
c
d
e
f
g
h
i
j
k
l
m
n
o
p
q
r
Ss
t
u
v
w
x
y
z

87

a
b
c
d
e
f
g
h
i
j
k
l
m
n
o
p
q
r

Ss

Tt

u
v
w
x
y
z

sun (n)
el sol
SOHL

sunblock (n)
el protector solar
pro-tehk-TOR so-LAR

sunflower (n)
el girasol
Hee-ra-SOHL

sunglasses (n)
las gafas de sol
GAH-fas day SOHL

sun hat (n)
la pamela
pa-MAY-la

sunlight (n)
la luz del sol
LOOS dell SOHL

sunny (adj)
soleado (m)
so-lay-AH-do

sunset (n)
el atardecer
ah-tar-day-SAIR

supermarket (n)
el supermercado
soo-pair-mair-KAH-do

sure (adj)
seguro (m)
say-GOO-ro

surface (n)
la superficie
soo-pair-FEE-ce'eh

surfboard (n)
la tabla de surf
TAH-bla day SOORF

surgery (n)
la cirugía
see-roo-HEE-ah

surprise (n)
la sorpresa
sor-PRAY-sah

surprising (adj)
sorprendente
sor-pren-DEN-tay

swan (n)
el cisne
SISS-nay

sweater (n)
el suéter
SOO'EH-tair

swimming (n)
la natación
na-ta-SE'ON

swimming pool (n)
la piscina
piss-SEE-na

swimsuit (n)
el traje de baño
TRAH-Hay day
BAH-n'yo

swing (n)
el columpio
ko-LOOM-pe'oh

symbol (n)
el símbolo
SEEM-bo-lo

tadpole
el renacuajo

table (n)
la mesa
MAY-sah

tadpole (n)
el renacuajo
rray-nah-KOO'AH-Hoh

tail (n)
la cola
KOH-la

tall (adj)
alto (m)
AHL-to

tape measure (n)
la cinta métrica
SEEN-ta MAY-tree-ka

taxi (n)
el taxi
TAK-see

tea (n)
el té
TAY

teacher (n)
la maestra (f)
el maestro (m)
mah-ESS-tra/tro

el profesor (m)
la profesora (f)
pro-feh-SOR/rah

team (n)
el equipo
ay-KEE-po

teddy bear (n)
el osito de peluche
o-SEE-to day
pay-LOO-chay

telescope (n)
el telescopio
tay-less-KOH-pee'oh

television (n)
la televisión
tay-lay-be-SEE'ON

tennis (n)
el tenis
TAY-niss

tent (n)
la tienda de campaña
TEE'EN-da day
kam-PA-n'ya

term (semester) (n)
el semestre
seh-MEHS-treh

terrible (adj)
terrible
tay-RREE-blay

text message (n)
el mensaje de texto
men-SAH-Hay
day TEKS-to

tape measure
la cinta métrica

sunglasses
las gafas de sol

that (adj)
esa (f) ese (m)
EH-sah/EH-say

the (article)
el/la/los/las
ell/lah/los/las

their (adj)
su/sus
SOO/SOOS

then (conj)
después
dess-POO'ESS

there (adv)
allá (f) allí (m)
ah-L'YA/ah-L'YI

thermometer (n)
el termómetro
tair-MOH-may-tro

they (pron)
ellas (f) ellos (m)
EH-l'yas/EH-l'yos

thick (adj)
grueso (m)
GROO'EH-so

thin (adj)
delgado (m)
dell-GAH-do

thing (n)
la cosa
KOH-sa

third (adj)
tercero (m)
tair-SAY-ro

thirsty (adj)
sediento (m)
say-DEE'EN-to

this (adj)
esta (f) este (m)
ESS-tah/ESS-tay

thousand
mil/millar
MEEL/mee-L'YAR

through (prep)
a través
ah tra-BESS

thumb (n)
el pulgar
pool-GAR

thumbtack (n)
la chinche
cheen-CHAY

thunderstorm (n)
la tormenta
tor-MEN-tah

tick (n)
el tic
TEEK

ticket (n)
la entrada
en-TRAH-da

el boleto
boh-LAY-toh

tide (n)
la marea
ma-RAY-ah

tie (n)
la corbata
kor-BAH-ta

tiger (n)
el tigre
TEE-gray

tight (adj)
apretado (m)
ah-pray-TAH-do

tights (n)
las medias
MAY-de'ahs

time (n)
el tiempo
TE'EM-poh

timetable (n)
el horario
o-RAH-re'oh

tiny (adj)
diminuto (m)
de-me-NOO-to

tire (n)
la llanta
L'YAHN-ta

tired (adj)
cansado (m)
kan-SAH-do

tissues (n)
los pañuelos
de papel
*pah-N'YU'AY-los
day pah-PELL*

toad (n)
el sapo
SAH-po

toaster (n)
la tostadora
toss-ta-DO-ra

today (adv)
hoy
O'EE

toe (n)
el dedo del pie
DAY-do del PEE'EH

together (adv)
juntas (f)
juntos (m)
HOON-tas/HOON-tos

toilet (n)
el inodoro
ee-no-DOH-ro

toilet paper (n)
el papel higiénico
*pah-PELL
ee-HEE'AY-nee-ko*

tongue
la lengua

toad
el sapo

tiger
el tigre

stripes
las rayas

tail
la cola

a
b
c
d
e
f
g
h
i
j
k
l
m
n
o
p
q
r
s
Tt
u
v
w
x
y
z

89

toothbrush
el cepillo
de dientes

tomato (n)
el tomate
to-MAH-te

tomorrow (adv)
mañana
ma-N'YAH-na

tongue (n)
la lengua
LEN-goo'ah

tonight (adv)
esta noche
ESS-ta NO-chay

too (adv)
también
tam-BE'EN

tool (n)
la herramienta
air-rrah-MEE'EN-ta

tooth (n)
el diente
DEE'EN-tay

toothbrush (n)
el cepillo de dientes
say-PEE-l'yo day
DEE'EN-tess

toothpaste (n)
la pasta de dientes
PASS-ta day
DEE'EN-tess

tortoise
la tortuga

top (n)
la parte de arriba
PAR-tay day
ahr-RREE-ba

torch (n)
la antorcha
ahn-TOHR-chah

tornado (n)
el tornado
tor-NAH-do

tortoise (n)
la tortuga
tohr-TOO-ga

toucan (n)
el tucán
too-KAN

tough (adj)
duro (m)
DOO-ro

tourist (n)
el turista
too-RISS-ta

toward (prep)
hacia
AH-se'ah

towel (n)
la toalla
to-AH-l'ya

town (n)
la ciudad
se'oo-DAHD

toy (n)
el juguete
Hoo-GAY-tay

toy box (n)
el baúl de los juguetes
bah-OOL day
los Hoo-GAY-tess

tractor (n)
el tractor
trak-TOR

traffic (n)
el tráfico
TRAH-fee-ko

traffic light
el semáforo

traffic cone (n)
el cono de tráfico
KOH-noh deh
TRAH-fee-koh

traffic light (n)
el semáforo
say-MAH-for-ro

train (n)
el tren
TREN

train set (n)
el tren eléctrico
TREN ay-LEK-tree-ko

el tren de juguete
TREN day Hoo-GAY-tay

train station (n)
la estación de tren
ess-tah-SE'ON
day TREN

transportation (n)
el transporte
trans-POHR-tay

trash (n)
la basura
bah-SOO-rah

trash can (n)
el cubo de la basura
KOO-bo deh
lah bah-SOO-rah

tray (n)
la bandeja
ban-DAY-Hah

tree (n)
el árbol
AHR-bol

triangle (n)
el triángulo
tree-AHN-goo-lo

trip (n)
el viaje
BE'AH-Hay

tropical (adj)
tropical
tro-pe-KAHL

trouble (n)
el problema
pro-BLAY-ma

trowel (n)
el desplantador
dess-plahn-tah-DOR

truck (n)
el camión
ka-ME'ON

true (adj)
cierto (m)
SE'AIR-to

tractor
el tractor

turkey
el pavo

trunk (animal) (n)
la trompa
TROHM-pa

trunk (tree) (n)
el tronco
TROHN-ko

T-shirt (n)
la camiseta
ka-mee-SAY-ta

tube (n)
el tubo
TOO-bo

tunnel (n)
el túnel
TOO-nell

turkey (n)
el pavo
PAH-bo

turtle (n)
la tortuga (marina)
tohr-TOO-ga
(mah-REE-nah)

twice (adv)
dos veces
DOSS BAY-sess

twin (n)
el gemelo
Hay-MAY-lo

U

ugly (adj)
feo (m)
FAY-oh

umbrella (n)
el paraguas
pair-RAH-goo'ahs

uncle (n)
el tío
TEE-o

under (prep)
bajo
BAH-Ho

underground (adj)
subterráneo (m)
soob-tay-RRAH-nay-o

underwear (n)
la ropa interior
RRO-pa in-tay-RE'OR

unfair (adj)
injusto (m)
in-HOOS-to

uniform (n)
el uniforme
oo-nee-FOHR-may

universe (n)
el universo
oo-nee-BAIR-so

uniform
el uniforme

until (prep)
hasta
AHS-ta

unusual (adj)
extraño (m)
eks-TRAH-n'yo

upside down (adv)
al revés
ahl ray-BESS

upstairs (adv)
arriba
ah-RREE-ba

useful (adj)
útil
OO-teel

usually (adv)
normalmente
nor-mahl-MEN-tay

van (n)
la furgoneta
foor-go-NAY-ta

V

vegetable (n)
la verdura
bair-DOO-ra

vegetarian (n)
la vegetariana (f)
el vegetariano (m)
bay-gay-tah-
REE'AH-na/no

verb (n)
el verbo
BAIR-bo

very (adv)
muy
MOO'EE

vet (n)
el veterinario
bay-tair-ree-NAH-re'o

la veterinaria
bay-tair-ree-NAH-re'a

video game (n)
el videojuego
BEE-day-oh-HOO'AY-go

village (n)
el pueblo
POO'AY-blo

violin (n)
el violín
be'o-LEEN

umbrella
el paraguas

violin
el violín

a
b
c
d
e
f
g
h
i
j
k
l
m
n
o
p
q
r
s
Tt
Uu
Vv
w
x
u
y
z

91

a
b
c
d
e
f
g
h
i
j
k
l
m
n
o
p
q
r
s
t
u
v
Ww
x
y
z

W

watering can
la regadera

waist (n)
la cintura
seen-TOO-ra

waiter (n)
el camarero
ka-ma-RAY-ro

waitress (n)
la camarera
ka-ma-RAY-ra

walk (n)
el paseo
pa-SAY-o

wall (n)
la pared
pa-REHD

war (n)
la guerra
GAY-rrah

wardrobe (n)
el armario
ahr-MAH-re'o

warm (adj)
cálido (m)
KAH-le-do

warning (n)
la advertencia
ahd-bair-TEN-se'ah

washcloth (n)
el paño
PAH-n'yo

washing machine (n)
la lavadora
la-ba-DO-ra

wasp (n)
la avispa
ah-BEES-pa

watch (n)
el reloj
ray-LOH

water (n)
el agua
AH-goo'ah

water lily (n)
el nenúfar
nay-NOO-far

watering can (n)
la regadera
ray-ga-DAY-ra

watermelon (n)
la sandía
san-DEE-a

waterslide (n)
el tobogán de agua
to-bo-GAN day AH-goo'ah

wave (n)
la ola
O-la

wax (n)
la cera
SAY-ra

we (pron)
nosotros (m)
no-SOH-tros

nosotras (f)
no-SOH-tras

weak (adj)
débil
DAY-bil

weather (n)
el tiempo
TE'AYM-po

website (n)
el sitio web
SEE-te'o OO'EB

weed (n)
la mala hierba
MAH-la EE'AIR-ba

week (n)
la semana
say-MAH-na

weekend (n)
el fin de semana
FEEN-day say-MAH-na

welcome (adj)
bienvenido (m)
be'en-bay-NEE-do

well (adj)
bien
BE'EN

west (n)
el oeste
o-ESS-tay

wet (adj)
mojado (m)
mo-HAH-do

whale (n)
la ballena
ba-L'YAY-na

wheat (n)
el trigo
TREE-go

wheel (n)
la rueda
ROO'AY-da

wheelbarrow (n)
la carretilla
ka-rray-TEE-l'ya

wheelchair (n)
la silla de ruedas
SEE-l'yah day ROO'AY-das

when (adv)
cuando/cuándo
KOO'AHN-do

where (adv)
donde/dónde
DOHN-day

while (conj)
durante
doo-RAHN-tay

whisker (n)
el bigote
be-GO-tay

whistle (n)
el silbato
sil-BAH-to

white (adj)
blanco (m)
BLAHN-ko

who (pron)
quién/quiénes
KEE'EN/KEE'EH'nes

why (adv)
por qué
pohr KAY

wave
la ola

wing
el ala

wide (adj)
ancho (m)
AHN-cho

wife (n)
la esposa
ess-POH-sa

wild (adj)
salvaje
sal-BA-Hay

wind (n)
el viento
BE'EN-to

windmill (n)
el molino de viento
*mo-LEE-no
day BE'EN-to*

window (n)
la ventana
ben-TAH-na

windy (adj)
ventoso
ben-TO-so

wing (n)
el ala
AH-la

winner (n)
el ganador (m)
ga-na-DOHR

la ganadora (f)
ga-na-DO-ra

winter (n)
el invierno
in-BE'AIR-no

with (prep)
con
KOHN

without (prep)
sin
SEEN

wolf (n)
el lobo
LOH-bo

woman (n)
la mujer
moo-HAIR

wood (n)
la madera
ma-DAY-ra

wooden (adj)
de madera
day ma-DAY-ra

wool (n)
la lana
lah-na

wool hat (n)
el gorro de lana
GO-rroh day LAH-na

word (n)
la palabra
pa-LAH-bra

world (n)
el mundo
MOON-do

worm (n)
el gusano
goo-SAH-no

worse (adj)
peor
pay-OHR

worst (adj)
el peor
pay-OHR

writing (n)
la escritura
ess-kree-TOO-ra

Y

yacht
el yate

yacht (n)
el yate
IA-tay

year (n)
el año
AH-n'yo

yellow (adj)
amarillo (m)
ah-mah-REE-l'yo

yesterday (adv)
ayer
ah-YAIR

yogurt (n)
el yogur
ee'oh-GOOR

you (pron)
tú
TOO

young (adj)
joven
HO-ben

your (adj)
tu
TOO

youth hostel (n)
el albergue
ahl-BAIR-gay

Z

zebra
la cebra

zebra (n)
la cebra
SAY-bra

zip code (n)
el código postal
KOH-de-go pos-TAHL

zipper (n)
la cremallera
kray-ma-L'YAY-ra

el cierre
SEE'EH-rray

zone (n)
la zona
SOH-na

zoo (n)
el zoo
SO-OH

zipper
la cremallera

a
b
c
d
e
f
g
h
i
j
k
l
m
n
o
p
q
r
s
t
u
v
Ww
x
Yy
Zz

93

Aa

b
c
d
e
f
g
h
i
j
k
l
m
n
o
p
q
r
s
t
u
v
w
x
y
z

Spanish A–Z

In this section, Spanish words are in alphabetical order. They are followed by their English translations and a few letters to indicate what type of word they are—a noun (n) or adjective (adj), for example.

Nouns in Spanish are either masculine (m) or feminine (f). Sometimes a word in Spanish might mean more than one thing in English, so there might be two translations underneath. Most of the nouns (naming words) here describe just one thing, so they are singular.

To make a noun plural (more than one thing), you usually just add an "s"—the same as in English. In Spanish,

other words in the sentence change too—*el* becomes *los* and *la* becomes *las*. The adjectives also change, usually getting an extra "s" at the end. In Spanish, an adjective usually comes after the noun too.

(n) = noun (a naming word). Either masculine or feminine. Feminine nouns usually have an "a" at the end.
(adj) = adjective (a describing word). These words can change depending on whether the noun they are describing is masculine (m) or feminine (f).
(adv) = adverb (a word that gives more information about a verb, an adjective, or another adverb)
(conj) = conjunction (a joining word; for example, "and")
(prep) = preposition (for example, "about")
(pron) = pronoun (for example, "he," "she," "it")
(article) = (for example, "a," "an," "the")
(sing) = singular (one thing) **(plu)** = plural (lots of things)
(m) = masculine **(f)** = feminine

a él/para él (pron)
him

a ella/para ella (pron)
her

a menudo (adv)
often

a mí (pron)
I, me

a través (prep)
through

a través de (prep)
across

a veces (adv)
sometimes

abajo (prep)
below

abecedario (n) (m)
alphabet

abeja (n) (f)
bee

abierto (adj)
open

abrigo (n) (m)
coat

abuela (n) (f)
grandmother

abuelo (n) (m)
grandfather

abuelos (n) (m, plu)
grandparents

aburrido (adj)
boring

acampada (n) (f)
camping

acantilado (n) (m)
cliff

accidente (n) (m)
accident

aceite (n) (m)
oil

acerca de (prep)
about

actividad (n) (f)
activity

adelante (adv)
forward

adentro (prep)
inside

adicional (adj)
extra

adulto (adj)
adult

advertencia (n) (f)
warning

afilado (adj)
sharp

afortunado (adj)
lucky

afuera (adv)
outside

agenda (n) (m)
diary

agua (n) (f)
water

aguacate (n) (m)
avocado

águila (n) (f)
eagle

aguja (n) (f)
needle

agujero (n) (m)
hole

ahora (adv)
now

ajedrez (n) (m)
chess

al revés (adv)
backward, upside down

ala (n) (f)
wing

ala delta (n) (f)
hang glider

alacena (n) (f)
cupboard

aleta (n) (f)
fin, flipper

alfabeto (n) (m)
alphabet

alfombra (n) (f)
carpet

algas (n) (f, plu)
seaweed

algo (pron)
something

algodón (n) (m)
cotton

alguien (pron)
someone

algunos (adj)
some

allí/allá (adv)
over there, there

almohada (n) (f)
pillow

almuerzo (n) (m)
lunch

alrededor (adv)
around

alrededor (prep)
about

alto (adj)
high, loud, tall

alumno/alumna (n) (m/f)
student

amable (adj)
gentle, kind

amarillo (adj)
yellow

ambulancia (n) (f)
ambulance

amigable (adj)
friendly

amigo/amiga (n) (m/f)
friend

anaranjado (adj)
orange

ancho (adj)
wide

anciano/anciana (n) (m/f)
old person

ancla (n) (f)
anchor

anillo (n) (m)
ring

animal (n) (m)
animal

antena (n) (f)
antenna

antes (prep)
before

antorcha (n) (f)
torch

apariencia (n) (f)
appearance

apartamento (n) (m)
apartment

aparte (adv)
apart

app (n) (f)
app

apretado (adj)
tight

araña (n) (f)
spider

árbol (n) (m)
tree

arbusto (n) (m)
bush

arco (n) (m)
arch

arcoiris (n) (m)
rainbow

ardilla (n) (f)
squirrel

área (n) (f)
area

arena (n) (f)
sand

arete (n) (m)
earring

armario (n) (m)
wardrobe

arriba (adv)
upstairs

arroz (n) (m)
rice

arte (n) (m)
art

artista (n) (m/f)
artist

ascensor (n) (m)
elevator

asistente (n) (m/f)
assistant

asombroso (adj)
amazing

astronauta (n) (m/f)
astronaut

astrónomo/astrónoma (n) (m/f)
astronomer

asustado (adj)
frightened

atardecer (n) (m)
sunset

aterrador (adj)
frightening

ático (n) (m)
attic

atlas (n) (m)
atlas

atletismo (n) (m)
athletics

auto (n) (m)
car

autobús (n) (m)
bus

autopista (n) (f)
highway

aventura (n) (f)
adventure

avión (n) (m)
airplane, jet

avispa (n) (f)
wasp

¡Ay!
Ouch!

ayuda (n) (f)
help

azúcar (n) (m)
sugar

azul (adj)
blue

babuino (n) (m)
baboon

bádminton (n) (m)
badminton

bailarín/bailarina (n) (m/f)
ballet dancer, dancer

bajo (adj)
low, short

bajo (prep)
under

balcón (n) (m)
balcony

ballena (n) (f)
whale

balón de fútbol (n) (m)
soccer ball

banco (n) (m)
bank (for money), bench

banda (n) (f)
band

bandeja (n) (f)
tray

bandera (n) (f)
flag

bañera (n) (f)
bath

baño (n) (m)
bathroom

barato (adj)
cheap

barba (n) (f)
beard

barbacoa (n) (f)
barbecue

barbilla (n) (f)
chin

barco (n) (m)
boat, ship

Aa
Bb
c
d
e
f
g
h
i
j
k
l
m
n
o
p
q
r
s
t
u
v
w
x
y
z

a

Bb

Cc

d

e

f

g

h

i

j

k

l

m

n

o

p

q

r

s

t

u

v

w

x

y

z

barco de pesca (n) (m)
fishing boat

barrio (n) (m)
neighborhood

barro (n) (m)
mud

básquetbol (n) (m)
basketball

basura (n) (f)
trash

batalla (n) (f)
battle

bate (n) (m)
bat (for sports)

batería (n) (f)
drum kit

batido (n) (m)
milkshake

baúl (n) (m)
chest, trunk

baúl de los juguetes (n) (m)
toy box

bebé (n) (m)
baby

bebida (n) (f)
drink

béisbol (n) (m)
baseball

belleza (n) (f)
beauty

beso (n) (m)
kiss

biblioteca (n) (f)
library

bicicleta (n) (f)
bicycle

bicicleta de montaña (n) (f)
mountain bike

bien (adv)
fine, well

bienvenido (adj)
welcome

bigote (n) (m)
moustache, whisker (of animal)

billón (n)
trillion

binoculares (n) (m)
binoculars

blanco (adj)
white

blando (adj)
soft

blusa (n) (f)
blouse

boca (n) (f)
mouth

bocina (n) (f)
horn (of vehicle)

bola (n) (f)
ball

bola de nieve (n) (f)
snowball

boleto (n) (m)
ticket

bolsa (n) (f)
bag, pouch

bolsa de la compra (n) (f)
shopping bag

bolsa de la escuela (n) (f)
school bag

bolsa de plástico (n) (f)
plastic bag

bolsillo (n) (m)
pocket

bolso (n) (m)
handbag, purse

bombero/bombera (n) (m/f)
firefighter

bombilla (n) (f)
light bulb

bonito (adj)
nice, pretty

bosque (n) (m)
forest

bota (n) (f)
boot

bote (n) (m)
boat

bote de remos (n) (m)
rowboat

bote salvavidas (n) (m)
lifeboat

botella (n) (f)
bottle

botón (n) (m)
button

boya (n) (f)
buoy

brazo (n) (m)
arm

brillante (adj)
brilliant, shiny

brisa (n) (f)
breeze

brújula (n) (f)
compass

bueno (adj)
good

bufanda (n) (f)
scarf

búho (n) (m)
owl

bulbo (n) (m)
bulb (of plant)

burbuja (n) (f)
bubble

buzón (n) (m)
mailbox

caballero (n) (m)
knight

caballo (n) (m)
horse

cabeza (n) (f)
head

cabra (n) (f)
goat

cacahuate (n) (m)
peanut

cada (adj)
each, every

cadena (n) (f)
chain

cadera (n) (f)
hip

café (adj)
brown

café (n) (m)
café, coffee

caimán (n) (m)
alligator

caja (n) (f)
box, checkout

caja de cerillas (n) (f)
matchbox

caja registradora (n) (f)
cash register

cajón (n) (m)
drawer

calabaza (n) (f)
pumpkin

calcetín (n) (m)
sock

calculadora (n) (f)
calculator

calendario (n) (m)
calendar

cálido (adj)
warm

caliente (adj)
hot

calle (n) (f)
street

calmado (adj)
calm

calor (n) (m)
heat

cama (n) (f)
bed

cámara (n) (f)
camera

camarero/camarera (n) (m/f)
waiter/waitress

cambio (n) (m)
change

camello (n) (m)
camel

camino (n) (m)
road, route

camión (n) (m)
truck

camisa (n) (f)
shirt

camiseta (n) (f)
T-shirt

campana (n) (f)
bell

campo (n) (m)
countryside, field

cangrejo (n) (m)
crab

canguro (n) (m)
kangaroo

canica (n) (f)
marble (toy)

canoa (n) (f)
canoe

cansado (adj)
tired

capa (n) (f)
cloak, layer

caparazón (n) (m)
shell

capital (n) (f)
capital

capucha (n) (f)
hood

cara (n) (f)
face

caracol (n) (m)
snail

caramelo (n) (m)
candy

carne (n)
flesh, meat

caro (adj)
expensive

carrera (n) (f)
race

carretilla (n) (f)
wheelbarrow

carrito de compras (n) (m)
shopping cart

carro (n) (m)
car, cart

carta (n) (f)
card, letter, menu

cartel (n) (m)
poster

cartero/cartera (n) (m/f)
mail carrier

cartón (n) (m)
cardboard

casa (n) (f)
home, house

casado (adj)
married

casco (n) (m)
helmet

casi (adv)
almost, nearly

castillo de arena (n) (m)
sandcastle

cazo (n) (m)
saucepan

cebolla (n) (f)
onion

cebra (n) (f)
zebra

ceja (n) (f)
eyebrow

cena (n) (f)
dinner

centro (n) (m)
center

cepillo de dientes (n) (m)
toothbrush

cepillo de pelo (n) (m)
hairbrush

cera (n) (f)
wax

cerca (adv)
near

cerca (n) (f)
fence

cercano (adj)
close

cerdo (n) (m)
pig

cereal (n) (m)
cereal

cerebro (n) (m)
brain

cerilla (n) (m)
match

cerrado (adj)
closed

césped (n) (m)
lawn

cesta (n) (f)
basket

chaleco (n) (m)
vest

chaleco salvavidas(n) (m)
life jacket

champú (n) (m)
shampoo

chaqueta (n) (f)
jacket

chef (n) (m/f)
chef

chicle (n) (m)
chewing gum

chico/chica (n) (m/f)
boy/girl

chimenea (n) (f)
chimney

chimpancé (n) (m)
chimpanzee

chincheta (n) (f)
thumbtack

chiste (n) (m)
joke

chocolate (n) (m)
chocolate

chocolate caliente (n) (m)
hot chocolate

chubasquero (n) (m)
raincoat

ciclismo (n) (m)
cycling

cielo (n) (m)
sky

ciencias (n) (f)
science

científico/científica (n) (m/f)
scientist

cierto (adj)
true

ciervo (n) (m)
deer

a b **Cc** d e f g h i j k l m n o p q r s t u v w x y z

Cc

cine (n) (m)
cinema, movie theater

cinta (n) (f)
ribbon

cinta métrica (n) (f)
tape measure

cintura (n) (f)
waist

cinturón (n) (m)
belt

circo (n) (m)
circus

círculo (n) (m)
circle

cirugía (n) (f)
surgery

cisne (n) (m)
swan

cita (n) (f)
date

ciudad (n) (f)
city, town

claro (adj)
clear, light (not dark)

clavícula (n) (f)
collar bone

cliente/clienta (n) (m/f)
customer, shopper

coche de bomberos (n) (m)
fire truck

coche de carreras (n) (m)
race car

coche de la policía (n) (m)
police car

cocina (n) (f)
kitchen, stove

coco (n) (m)
coconut

cocodrilo (n) (m)
crocodile

código postal (n) (m)
zip code

codo (n) (m)
elbow

cohete (espacial) (n) (m)
rocket (ship)

cojín (n) (m)
cushion

col (n) (f)
cabbage

cola (n) (f)
glue, line, tail (of animal)

colibrí (n) (m)
hummingbird

colina (n) (f)
hill

collar (n) (m)
collar, necklace

colmena (n) (f)
hive

color (n) (m)
color

colorido (adj)
colorful

columpio (n) (m)
swing

comedor (n) (m)
dining room

cometa (n) (f)
kite

comida (n) (f)
food

cómo (adv)
how

como (prep)
like

cómoda (n) (f)
chest of drawers

cómodo (adj)
comfortable

compañero/compañera (n) (m/f)
classmate, partner

computadora (n) (f)
computer

computadora portátil (n) (f)
laptop

con (prep)
with

concha (n) (f)
shell

concierto (n) (m)
concert

concurso (n) (m)
contest

cono de tráfico (n) (m)
traffic cone

conejillo de indias (n) (m)
guinea pig

conejo (n) (m)
rabbit

congelador (n) (m)
freezer

continente (n) (m)
continent

copo de nieve (n) (m)
snowflake

corazón (n) (m)
heart

corbata (n) (f)
tie

cordero (n) (m)
lamb

corona (n) (f)
crown

correcto (adj)
correct, right

correo (n) (m)
mail

correo electrónico (n) (m)
email

cortacésped (n) (m)
lawn mower

cortina (n) (f)
curtain

corto (adj)
short

cosa (n) (f)
thing

cosecha (n) (f)
crop, harvest

cosechadora combinada (n) (f)
combine harvester

costa (n) (f)
coast, shore

costilla (n) (f)
rib

crema (n) (f)
cream

cremallera (n) (f)
zipper

crayón (n) (m)
crayon

criatura (n) (f)
creature

cruce (n) (m)
crosswalk

cuadrado (n) (m)
square

cualquier/cualquiera (pron)
anybody, anything

cuando/cuándo (adv)
when

cuarto (n) (m)
quarter, room

cuarto de los niños (n) (m)
nursery

cubierta (n) (f)
deck

cubo (n) (m)
bucket, cube

cubo de la basura (n) (m)
trash can

cuchara (n) (f)
spoon

cuchillo (n) (m)
knife

cuello (n) (m)
collar, neck

cuenta (n) (f)
bead, bill

cuento (n) (m)
story

cuerda (n) (f)
rope, string

cuerda de saltar (n) (f)
jump rope

cuerno (n) (m)
horn (of animal)

cuero (n) (m)
leather

cuerpo (n) (m)
body

cueva (n) (f)
cave

cuidadoso (adj)
careful

cumbre (n) (f)
summit

cumpleaños (n) (m)
birthday

cúpula (n) (f)
dome

curioso (adj)
curious

curso (n) (m)
semester, school year, term

curvado (adj)
curved

D

dados (n) (m)
dice

de madera (adj)
wooden

de/desde (prep)
from

de moda (adj)
fashionable

de nuevo (adv)
again

de repente (adv)
suddenly

de verdad (adv)
really

debajo (prep)
below, under

débil (adj)
weak

decoración (n) (f)
decoration

dedo (n) (m)
finger

dedo del pie (n) (m)
toe

delantal (n) (m)
apron

delfín (n) (m)
dolphin

delgado (adj)
thin

delicioso (adj)
delicious

demasiado (adv)
too

dentista (n) (m/f)
dentist

dentro (prep)
inside

deporte (n) (m)
sport

deprisa (adv)
quickly

derecha (n) (f)
right (side)

desafío (n) (m)
challenge

desayuno (n) (m)
breakfast

descubrimiento (n) (m)
discovery

desfile (n) (m)
parade

desierto (n) (m)
desert

despacio (adv)
slowly

despertador (n) (m)
alarm clock

desplantador (n) (m)
trowel

después (conj)
then

después (de) (prep)
past, after

detrás (prep)
behind

día (n) (m)
day

diagrama (n) (m)
diagram

diamante (n) (m)
diamond

dibujo (n) (m)
drawing, picture

diccionario (n) (m)
dictionary

diente (n) (m)
tooth

diferente (adj)
different

difícil (adj)
difficult

digital (adj)
digital

diminuto (adj)
tiny

dinero (n) (m)
money

dinero en efectivo (n) (m)
cash

dinosaurio (n) (m)
dinosaur

dirección (n) (f)
address, direction

dirección de correo electrónico (n) (f)
email address

directamente (adv)
directly

discapacitado (adj)
disabled

disco (n) (f)
disco

disco compacto (n) (m)
CD

disco duro (n) (m)
hard drive

discurso (n) (m)
speech

disfraz (n) (m)
costume

distancia (n) (f)
distance

divertido (adj)
fun

divorciado (adj)
divorced

doctor/doctora (n) (m/f)
doctor

dolor de cabeza (n) (m)
headache

dolor de oído (n) (m)
earache

a

b

c

Dd

Ee

f

g

h

i

j

k

l

m

n

o

p

q

r

s

t

u

v

w

x

y

z

donde/dónde (adv)
where

dormitorio (n) (m)
bedroom

dos veces (adv)
twice

dragón (n) (m)
dragon

ducha (n) (f)
shower

durante (prep/conj)
during, while

duro (adj)
hard, tough

e (conj)
and (before i/hi)

eco (n) (m)
echo

ecuador (n) (m)
equator

edificio (n) (m)
building

edredón (n) (m)
comforter

efecto (n) (m)
effect

ejercicio (n) (m)
exercise

ejército (n) (m)
army

el (article) (m, sing)
the

él (pron)
he

elástico (n) (m)
rubber band

eléctrico (adj)
electrical

elefante (n) (m)
elephant

ella (pron)
she

ello (pron)
it

**ellos/ellas
(pron) (m/f, plu)**
they

embarrado (adj)
muddy

emergencia (n) (f)
emergency

emocionado (adj)
excited

empate (n) (m)
tie

empinado (adj)
steep

en primer lugar (adv)
first

encantador (adj)
charming, delightful,
lovely

enchufe (n) (m)
plug

enciclopedia (n) (f)
encyclopedia

encima de (prep)
on top of

enfadado (adj)
angry

enfermedad (n) (f)
illness

**enfermero/enfermera
(n) (m/f)**
nurse

enfermo (adj)
sick, ill

enorme (adj)
huge

ensalada (n) (f)
salad

entonces (conj)
then

entrada (n) (f)
entrance, starter, ticket
(show)

entre (prep)
between

**entrenador/entrenadora
(n) (m/f)**
coach

entusiasta (adj)
enthusiastic

equipaje (n) (m)
luggage

equipo (n) (m)
equipment, team

error (n) (m)
mistake

escalera (n) (f)
ladder, stairs

escalón (n) (m)
step

escarabajo (n) (m)
beetle

escoba (n) (f)
broom

escondidas (n) (f)
hide-and-seek

escritorio (n) (m)
desk

escritura (n) (f)
writing

escuela (n) (f)
school

ese/esa (adj)
that

ese/esa (pron)
that one

espacio (n) (m)
space

esfera (n) (f)
sphere

espaguetis (n) (m)
spaghetti

espalda (n) (f)
back (body)

español (n) (m)
Spanish

espantoso (adj)
frightening, horrible

especial (adj)
special

espectáculo (n) (m)
show

**espectáculo de
marionetas (n) (m)**
puppet show

espejo (n) (m)
mirror

esponja (n) (f)
sponge

esposo/esposa (n) (m/f)
husband/wife

esqueleto (n) (m)
skeleton

esquí (n) (m)
ski

esquina (n) (f)
corner

esta noche (adv)
tonight

estación (n) (f)
season, station

estación de tren (n) (f)
train station

estampado (n) (m)
pattern

estanque (n) (m)
pond

estante (n) (m)
shelf

estatua (n) (f)
statue

este (n) (m)
east

este/esta (adj)
this

este/esta (pron)
this one

estómago (n) (m)
stomach

estrecho (adj)
narrow

estrella (n) (f)
star

estrella de mar (n) (f)
starfish

estricto (adj)
strict

estudiante (n) (m/f)
student

estúpido (adj)
stupid

evento (n) (m)
event

exacto (adv)
just

examen (n) (m)
exam

excelente (adj)
excellent

expedición (n) (f)
expedition

experimento (n) (m)
experiment

experto (n) (m)
expert

explorador (n) (m)
explorer

explosión (n) (f)
explosion

extinto (adj)
extinct

extraño (adj)
foreign, strange, unusual

extremadamente (adv)
extremely

fábrica (n) (f)
factory

fabuloso (adj)
fabulous

fácil (adj)
easy

factura (n) (f)
bill

falda (n) (f)
skirt

falso (adj)
false

familia (n) (f)
family

famoso (adj)
famous

fantástico (adj)
fantastic

farmacéutico/ farmacéutica (n) (m/f)
pharmacist

faro (n) (m)
lighthouse

favorito (adj)
favorite

feliz (adj)
happy

felpudo (n) (m)
mat

fémur (n) (m)
thighbone

feo (adj)
ugly

feria (n) (f)
fair

festival (n) (m)
festival

fideos (n) (m)
noodles

fieltro (n) (m)
felt

fiesta (n) (f)
party

figura (n) (f)
shape

filo (n) (m)
edge

fin (n) (m)
end

fin de semana (n) (m)
weekend

final (n) (m)
end

fino (adj)
thin

flauta (n) (f)
flute

flecha (n) (f)
arrow

flor (n) (f)
flower

foca (n) (f)
seal

fondo (n) (m)
bottom

forma (n) (f)
shape

forro polar (n) (m)
fleece (clothing)

fósil (n) (m)
fossil

foto (n) (f)
photo

frambuesa (n) (f)
raspberry

frase (n) (f)
phrase

fregadero (n) (m)
sink (in kitchen)

fresa (n) (f)
strawberry

fresco (adj)
cool, fresh

frijoles (n) (m)
beans

frío (adj)
cold

fruta (n) (f)
fruit

fuego (n) (m)
fire

fuera (adv)
outside

fuera de (prep)
out of

fuerte (adj)
strong

furgoneta (n) (f)
van

fútbol (n) (m)
soccer

fútbol americano (n) (m)
football (game)

futuro (n) (m)
future

G

gafas (n) (f)
glasses

gafas de agua (n) (f)
goggles

gafas de sol (n) (f)
sunglasses

galleta (n) (f)
cookie

ganador/ganadora (n) (m/f)
winner

a
b
c
d
Ee
Ff
Gg
h
i
j
k
l
m
n
o
p
q
r
s
t
u
v
w
x
y
z

a b c d e f

Gg
Hh

i j k l m n o p q r s t u v w x y z

garaje (n) (m)
garage

garra (n) (f)
claw, paw

garrapata (n) (f)
tick

garza (n) (f)
heron

gasolina (n) (f)
gasoline

gatito (n) (m)
kitten

gato (n) (m)
cat

gaviota (n) (m)
seagull

gemelo/gemela (n) (m/f)
twin

gente (n) (f)
people

gigante (n) (m)
giant

gimnasia (n) (f)
gymnastics

girasol (n) (m)
sunflower

giro (n) (m)
turn

glaciar (n) (m)
glacier

globo (n) (m)
balloon

globo aerostático (n) (m)
hot-air balloon

globo terráqueo (n) (m)
globe

gobierno (n) (m)
government

gol (n) (m)
goal

golf (n) (m)
golf

goma (n) (f)
eraser

gordo (adj)
fat

gorila (n) (m)
gorilla

gorra (n) (f)
cap

gorro de lana (n) (m)
wool hat

gota (n) (f)
drop

gran/grande (adj)
big, great

granero (n) (m)
barn

granja (n) (f)
farm

granjero/granjera (n) (m/f)
farmer

grifo (n) (m)
faucet

gris (adj)
gray

grúa (n) (f)
crane

grueso (adj)
thick

grulla (n) (f)
crane

grupo (n) (m)
group

guante (n) (m)
glove

guerra (n) (f)
war

guía (n) (f)
guide

guijarro (n) (m)
pebble

guisante (n) (m)
pea

guitarra (n) (f)
guitar

gusano (n) (m)
earthworm

hábitat (n) (m)
habitat

hacia (prep)
toward

hacia atrás (adv)
backward

halcón (n) (m)
hawk

hambriento (adj)
hungry

hámster (n) (m)
hamster

harina (n) (f)
flour

hasta (adv)
even

hasta (prep)
until

hecho (n) (m)
fact

helado (n) (m)
ice cream

helecho (n) (m)
fern

helicóptero (n) (m)
helicopter

helicóptero de la policía (n) (m)
police helicopter

hembra (n) (f)
female

heno (n) (m)
hay

hermanastro/ hermanastra (n) (m/f)
stepsister/stepbrother

hermano/hermana (n) (m/f)
brother/sister

hermoso (adj)
beautiful

héroe/heroína (n) (m/f)
hero/heroine

herramienta (n) (f)
tool

hervidor (n) (m)
kettle

hexágono (n) (m)
hexagon

hielo (n) (m)
ice

hijo/hija (n) (m/f)
son/daughter

hilo de pescar (n) (m)
fishing line

historia (n) (f)
history

histórico (adj)
historical

historieta (n) (f)
comic

hockey (n) (m)
hockey

hockey sobre hielo (n) (m)
ice hockey

hogar (n) (m)
home

hoja (n) (f)
leaf, sheet (of paper)

hola
hi

hombre (n) (m)
man

hombro (n) (m)
shoulder

hongo (n) (m)
mushroom

hora (n) (f)
hour

horario (n) (m)
schedule, timetable

horario (de una tienda) (n) (m)
opening hours

hormiga (n) (f)
ant

horno (n) (m)
oven

horrible (adj)
horrible

hospital (n) (m)
hospital

hotel (n) (m)
hotel

hoy (adv)
today

hueso (n) (m)
bone

huevo (n) (m)
egg

humano (n) (m)
human

humo (n) (m)
smoke

huracán (n) (m)
hurricane

idea (n) (f)
idea

idioma (n) (m)
language

igual (adj)
equal

imán (n) (m)
magnet

importante (adj)
important

imposible (adj)
impossible

incluso (adv)
even

información (n) (f)
information

informe (n) (m)
report

inglés (n) (m)
English

injusto (adj)
unfair

inmediatamente (adv)
immediately

inodoro (n) (m)
toilet

insecto (n) (m)
insect

insignia (n) (f)
badge

instrucción (n) (f)
instruction

instrumento (n) (m)
instrument

inteligente (adj)
smart

interesante (adj)
interesting

internacional (adj)
international

Internet (n) (m/f)
Internet

inundación (n) (f)
flood

invernadero (n) (m)
greenhouse

invierno (n) (m)
winter

invitación (n) (f)
invitation

isla (n) (f)
island

izquierda (n) (f)
left (side)

jabón (n) (m)
soap

jardín (n) (m)
garden

jardinería (n) (f)
gardening

jardinero/jardinera (n) (m/f)
gardener

jarra (n) (f)
jug

jaula (n) (f)
cage

jirafa (n) (f)
giraffe

joya (n) (f)
jewel

joyería (n) (f)
jewelry

judo (n) (m)
judo

juego (n) (m)
game, play

juego de tablero (n) (m)
board game

Juegos Olímpicos (n) (m)
Olympic Games

jugador/jugadora (n) (m/f)
player

jugo (n) (m)
juice

jugo de naranja (n) (m)
orange juice

juguete (n) (m)
toy

jungla (n) (m)
jungle

juntos/juntas (adv) (m/f)
together

K

karate (n) (m)
karate

koala (n) (m)
koala

L

la (article) (f, sing)
the

lagarto (n) (m)
lizard

a
b
c
d
e
f
g
Hh
Ii
Jj
Kk
Ll
m
n
o
p
q
r
s
t
u
v
w
x
y
z

103

a b c d e f g h i j k

Ll
Mm

n o p q r s t u v w x y z

lago (n) (m)
lake

lámpara (n) (f)
lamp

lana (n) (f)
wool

langosta (n) (f)
lobster

lápiz (n) (m)
pencil

lápiz de color (n) (m)
colored pencil

lápiz de labios (n) (m)
lipstick

largo (adj)
long

las (article) (f, plu)
the

lata (n) (f)
can, tin

lata de pintura (n) (f)
paint can

lavabo (n) (m)
sink (in bathroom)

lavadora (n) (f)
washing machine

lazo (n) (m)
loop

lección (n) (f)
lesson

leche (n) (f)
milk

lechuga (n) (f)
lettuce

lectura (n) (f)
reading

lejos (adv)
away, far

lengua (n) (f)
tongue

lento (adj)
slow

león (n) (m)
lion

león marino (n) (m)
sea lion

leopardo (n) (m)
leopard

lesión (n) (f)
injury

letra (n) (f)
letter (or alphabet)

ley (n) (f)
law

libélula (n) (f)
dragonfly

librería (n) (f)
bookstore

libreta (n) (f)
notebook

libro (n) (m)
book

ligero (adj)
light (in weight)

limón (n) (m)
lemon

limonada (n) (f)
lemonade

limpio (adj)
clean

línea (n) (f)
line

lío (n) (m)
mess

líquido (n) (m)
liquid

liso (adj)
smooth, flat

lista (n) (f)
list

lista de la compra (n) (f)
shopping list

listo (adj)
ready, clever

llanta (n) (f)
tire

llave (n) (f)
key

lleno (adj)
full

lleno de gente (adj)
crowded

lluvia (n) (f)
rain

lo (pron)
it

lobo (n) (m)
wolf

lonchera (n) (f)
lunchbox

loro (n) (m)
parrot

los (article) (m, plu)
the

luego (conj)
then

lugar (n) (m)
place

luna (n) (f)
moon

lupa (n) (f)
magnifying glass

luz (n) (f)
light

luz del sol (n) (f)
sunlight

M

madera (n) (f)
wood

madrastra (n) (f)
stepmother

madre (n) (f)
mother

maduro (adj)
mature, ripe

maestro/maestra (n) (m/f)
teacher

magnético (adj)
magnetic

mago (n) (m)
magician

mala hierba (n) (f)
weed

maleta (n) (f)
suitcase

malo (adj)
bad

mamá (n) (f)
mom

mamífero (n) (m)
mammal

mañana (adv)
tomorrow

mañana (n) (f)
morning

manchas (n) (f)
spots

mando a distancia (n) (m)
remote control

mandos (n) (m)
controls

manga (n) (f)
sleeve

mano (n) (f)
hand

manopla (n) (f)
mitten, oven mitt

manta (n) (f)
blanket

mantequilla (n) (f)
butter

manzana (n) (f)
apple

mapa (n) (m)
map

maquillaje (n) (m)
makeup

máquina (n) (f)
machine

mar (n) (m)
sea

marca (n) (f)
brand, mark

marcador (n) (m)
marker

marco (n) (m)
frame

marea (n) (f)
tide

margarita (n) (f)
daisy

marinero/marinera (n) (m/f)
sailor

marioneta (n) (f)
puppet

mariposa (n) (f)
butterfly

mariquita (n) (m)
ladybug

marisco (n) (m)
seafood

más de/más que (adj)
more than

máscara (n) (f)
mask

mascota (n) (f)
pet

matemáticas (n) (f)
math

materia (n) (f)
subject

mayúscula (n) (f)
capital

me (pron)
me

medianoche (n) (f)
midnight

medias (n) (f)
panty hose

medicina (n) (f)
medicine

medida (n) (f)
measurement

medio (n) (m)
middle

medio ambiente (n) (m)
environment

medusa (n) (f)
jellyfish

mejor (adj)
better

mejor (pron)
best

melón (n) (m)
melon

mensaje (n) (m)
message

mensaje escrito (n) (m)
text message

menú (n) (m)
menu

mercado (n) (m)
market

mermelada (n) (f)
jam

mes (n) (m)
month

mesa (n) (f)
table

mesada (n) (f)
pocket money

metal (n) (m)
metal

metro (n) (m)
subway

mezcla (n) (f)
mixture

mi/mis (adj) (sing/plu)
my

microondas (n) (m)
microwave

miel (n) (f)
honey

mientras (conj)
while

mil/millar
thousand

millón
million

mineral (n) (m)
mineral

minuto (n) (m)
minute (of time)

mismo (adj)
same

mitad (n) (f)
half

mochila (n) (f)
backpack

moda (n) (f)
fashion

mojado (adj)
wet

molino de viento (n) (m)
windmill

moneda (n) (f)
coin

mono (n) (m)
monkey

monopatín (n) (m)
skateboard

monstruo (n) (m)
monster

montaña (n) (f)
mountain

mosca (n) (f)
fly

motocicleta (n) (f)
motorcycle

motor (n) (m)
engine, motor

mucho (adj)
(a) lot

muebles (n) (m)
furniture

muerto (adj)
dead

mujer (n) (f)
woman

mundo (n) (m)
world

muñeca (n) (f)
doll

muñeco de nieve (n) (m)
snowman

murciélago (n) (m)
bat (animal)

museo (n) (m)
museum

música (n) (f)
music

músico/música (n) (m/f)
musician

muy (adv)
very

a
b
c
d
e
f
g
h
i
j
k
l
Mm
n
o
p
q
r
s
t
u
v
w
x
y
z

a
b
c
d
e
f
g
h
i
j
k
l
m

Nn
Oo
Pp

q
r
s
t
u
v
w
x
y
z

nacional (adj)
national

nada (pron)
nothing

nadie (pron)
nobody

naranja (n) (f)
orange (fruit)

nariz (n) (f)
nose

natación (n) (f)
swimming

naturaleza (n) (f)
nature

negocio (n) (m)
business

negro (adj)
black

nenúfar (n) (m)
water lily

nido (n) (m)
nest

niebla (n) (f)
fog

nieve (n) (f)
snow

ninguna parte (adv)
nowhere

niño (n) (m)
boy

niño/niña (n) (m/f)
child

niños/niñas (n) (m/f)
children (n)

noche (n) (f)
evening, night

nombre (n) (m)
name

normalmente (adv)
usually

norte (n) (m)
north

nosotros/nosotras (pron) (m/f, plu)
we

nota (n) (f)
note

noticia/noticias (n) (f, sing/plu)
news

novio (n) (m)
boyfriend

novia (n) (f)
girlfriend

nube (n) (f)
cloud

nublado (adj)
cloudy

nuestro/nuestra (adj) (m/f, sing)
our

nuestros/nuestras (adj) (m/f, plu)
our

nuevo (adj)
new

nudo (n) (m)
knot

número (n) (m)
number

nunca (adv)
never

o (conj)
or

objeto (n) (m)
object

océano (n) (m)
ocean

ocupado (adj)
busy

oeste (n) (m)
west

oficina (n) (f)
office

oficina de correos (n) (f)
post office

oído (n) (m)
ear

ojo (n) (m)
eye

ola (n) (f)
wave

óleo (n) (m)
oil, oil painting

olor (n) (m)
smell

operación (n) (f)
operation

opuesto (adj)
opposite

oreja (n) (f)
ear

orilla (del río) (n) (f)
bank (of river)

orilla del mar (n) (f)
seaside

oro (n) (m)
gold

orquesta (n) (f)
orchestra

oruga (n) (f)
caterpillar

oscuro (adj)
dark

osito de peluche (n) (m)
teddy bear

oso (n) (m)
bear

oso polar (n) (m)
polar bear

otoño (n) (m)
fall (season)

otra vez (adv)
again

otro (adj)
other

óvalo (n) (m)
oval

oveja (n) (f)
sheep

pacient (adj)
patient

padrastro (n) (m)
stepfather

padre (n) (m)
father, parent

página (n) (f)
page

país (n) (m)
country

paja (n) (f)
straw

pajarito (n) (m)
baby bird

pájaro (n) (m)
bird

pajita (n) (f)
drinking straw

pala (n) (f)
shovel, spade

palabra (n) (f)
word

paleta (n) (f)
ice pop

pálido (adj)
faint, pale

palmera (n) (f)
palm tree

palo (n) (m)
stick, pole

pamela (n) (f)
sun hat

pan (n) (m)
bread

panadería (n) (f)
bakery

panda (n) (m)
panda

panecillo (n) (m)
roll

panqueque (n) (m)
pancake

paño (n) (m)
washcloth

paño de cocina (n) (m)
dish towel

pantalla (n) (f)
screen

pantalones (n) (m)
pants

pantalones cortos (n) (m)
shorts

pañuelo (n) (m)
handkerchief

pañuelos de papel (n) (m)
tissues

panza (n) (m)
stomach

papá (n) (m)
dad

papa (n) (f)
potato

papas fritas (n) (f)
French fries

papel (n) (m)
paper

papel higiénico (n) (m)
toilet paper

parada del autobús (n) (f)
bus stop

paraguas (n) (m)
umbrella

parasol (n) (m)
umbrella (for sun shade)

pared (n) (f)
wall

pareja (n) (f)
couple, pair

parlante (n) (m)
speakers

parque (n) (m)
park

parque de diversiones (n) (m)
amusement park

parque infantil (n) (m)
playground

parte (n) (f)
part

parte de arriba (n) (f)
top

parte de atrás (adj)
back

partido (n) (m)
game, match

pasado (n) (m)
past

pasajero/pasajera (n) (m/f)
passenger

pasaporte (n) (m)
passport

pasatiempo (n) (m)
hobby

paseo (n) (m)
stroll, walk

paso (n) (m)
step

pasta (n) (f)
pasta

pasta de dientes (n) (f)
toothpaste

pastel (n) (m)
cake

pasto (n) (m)
grass

pata (n) (m)
foot (of animal or thing), leg, paw

patínaje (sobre hielo/ en línea) (n) (m)
(ice/in-line) skating

patito (n) (m)
duckling

pato (n) (m)
duck

patrón (n) (m)
pattern

pavimento (n) (m)
road surface, sidewalk

pavo (n) (m)
turkey

payaso/payasa (n) (m/f)
clown

paz (n) (f)
peace

pececito de colores (n) (m)
goldfish

pedal (n) (m)
pedal

pegajoso (adj)
sticky

pegatina (n) (f)
sticker

peine (n) (m)
comb

pelícano (n) (m)
pelican

película (n) (f)
movie

peligro (n) (m)
danger

peligroso (adj)
dangerous

pelo (n) (m)
hair

pelota (n) (f)
ball

peludo (adj)
hairy

peluquería (n) (f)
hair salon

pelvis (n) (f)
hip bone

pentágono (n) (m)
pentagon

peor (adj)
worst

pequeño (adj)
little, small

pera (n) (f)
pear

percha (n) (f)
coat hanger

perezoso (adj)
lazy

perfecto (adj)
perfect

periódico (n) (m)
newspaper

pero (conj)
but

a
b
c
d
e
f
g
h
i
j
k
l
m
n
o

Pp

q
r
s
t
u
v
w
x
y
z

a
b
c
d
e
f
g
h
i
j
k
l
m
n
o

Pp

q
r
s
t
u
v
w
x
y
z

perrito (n) (m)
puppy

perrito caliente (n) (m)
hot dog

perro (n) (m)
dog

perro pastor (n) (m)
sheepdog

persona (n) (f)
person

pesado (adj)
heavy

pescado (n)
fish (food)

pestaña (n) (f)
eyelash

**pez/peces
(n) (m, sing/plu)**
fish

piano (n) (m)
piano

picnic (n) (m)
picnic

pico (n) (m)
beak

pie (n) (m)
foot

piedra (n) (f)
stone

piel (n) (f)
fur, skin

pierna (n) (f)
leg (of person)

pieza (n) (f)
piece

pijama (n) (m)
pajamas

pila (n) (f)
battery

piloto (n) (m/f)
pilot

**pimiento/pimienta
(n) (m/f)**
pepper

piña (n) (f)
pineapple, pinecone

pincel (n) (m)
paintbrush

pingüino (n) (m)
penguin

pino (n) (m)
pine tree

pintura (n) (f)
painting

piscina (n) (f)
swimming pool

piso (n) (m)
floor (of a building)

piso de abajo (n) (m)
downstairs

pizarrón (n) (m)
blackboard

pizza (n) (f)
pizza

plancha (n) (f)
iron (clothes)

planeta (n) (m)
planet

plano (adj)
flat

planta (n) (f)
plant

plástico (adj)
plastic

plastilina (n) (f)
modeling clay

plata (n) (f)
silver

plataforma (n) (f)
platform

plátano (n) (m)
banana, plantain

plato (n) (m)
plate

playa (n) (f)
beach

pluma (n) (f)
feather, pen

plumier (n) (m)
pencil case

pobre (adj)
poor

poco profundo (adj)
shallow

policía (n) (f)
police

polilla (n) (f)
moth

pollito (n) (m)
chick

pollo (n) (m)
chicken

polo (n) (m)
pole

polución (n) (f)
pollution

polvo (n) (m)
dust, powder

popular (adj)
popular

por favor (adv)
please

por qué (adv)
why

**por todos lados
(adv)**
everywhere

porque (conj)
because

posible (adj)
possible

postal (n) (f)
postcard

postre (n) (m)
dessert

pregunta (n) (f)
question

precio (n) (m)
price

premio (n) (m)
prize

presa (n) (f)
dam

**presidente/presidenta
(n) (m/f)**
president

primavera (n) (f)
spring (season)

primero (adv)
first

primeros auxilios (n) (m)
first aid

primo/prima (n) (m/f)
cousin

princesa (n) (f)
princess

principal (adj)
main

príncipe (n) (m)
prince

probablemente (adv)
probably

problema (n) (m)
problem, trouble

producto lácteo (adj)
dairy

profundo (adj)
deep

programa (n) (m)
program

pronto (adv)
soon

propio (adj)
own

protector solar (n) (m)
sunblock

proyecto (n) (m)
project

prueba (n) (f)
quiz

pudin (n) (m)
pudding

pueblo (n) (m)
village

puente (n) (m)
bridge

puerta (n) (f)
door

puerta principal (n) (f)
front door

puerto (n) (m)
harbor

pulgar (n) (m)
thumb

pulsera (n) (f)
bracelet

puño (n) (m)
fist

puntaje (n) (m)
score

puntiagudo (adj)
pointed

punto (n) (m)
point

querido (adj)
dear (in a letter)

queso (n) (m)
cheese

quien/quién/quienes/ quiénes (pron)
who

quieto (adj)
still

quizá/quizás (adv)
maybe, perhaps

radio (n) (f)
radio

raíz (n) (f)
root

rama (n) (f)
branch

rana (n) (f)
frog

rápido (adv)
fast

raqueta (n) (f)
racket

rascacielos (n) (m)
skyscraper

rastrillo (n) (m)
rake

rata (n) (f)
rat

ratón (n) (m)
mouse (animal), mouse (computer)

raya (n) (f)
stripe

real (adj)
real

realmente (adv)
really

receta (n) (f)
recipe

recibo (n) (m)
receipt

recreo (n) (m)
break, playtime

rectángulo (n) (m)
rectangle

recto (adj)
straight

recuerdo (n) (m)
souvenir

red (n) (f)
net

redondo (adj)
round

refrigerador (n) (m)
refrigerator

regadera (n) (f)
watering can

regalo (de cumpleaños) (n) (m)
(birthday) present

regla (n) (f)
ruler (measuring)

reina (n) (f)
queen

relámpago (n) (m)
lightning

reloj (n) (m)
clock, wristwatch

remo (n) (m)
oar

renacuajo (n) (m)
tadpole

reproductor de DVD (n) (m)
DVD player

rescate (n) (m)
rescue

respuesta (n) (f)
answer

restaurante (n) (m)
restaurant

reto (n) (m)
challenge

revista (n) (f)
magazine

rey (n) (m)
king

rico (adj)
rich

rinoceronte (n) (m)
rhinoceros

río (n) (m)
river

rizado (adj)
curly

robot (n) (m)
robot

roca (n) (f)
rock

rodilla (n) (f)
knee

rojo (adj)
red

rompecabezas (n) (m)
puzzle

ropa (n) (f)
clothes

ropa interior (n) (f)
underwear

rosa (adj)
pink

rosa (n) (f)
rose

roto (adj)
broken

rubio (adj)
blonde

rueda (n) (f)
merry-go-round, wheel

rugby (n) (m)
rugby

rugoso (adj)
rough

ruidoso (adj)
noisy

ruta (n) (f)
route

a
b
c
d
e
f
g
h
i
j
k
l
m
n
o
Pp
Qq
Rr
s
t
u
v
w
x
y
z

a
b
c
d
e
f
g
h
i
j
k
l
m
n
o
p
q
r
Ss
t
u
v
w
x
y
z

sábana (n) (f)
sheet (on bed)

saco (n) (m)
sack

saco de dormir (n) (m)
sleeping bag

sal (n) (f)
salt

sala (n) (f)
living room

salario (n) (m)
pay, salary

salida (n) (f)
exit

salón de clase (n) (m)
classroom

salvaje (adj)
wild

salvavidas (n) (m)
lifeguard

sandalia (n) (f)
sandal

sandía (n) (f)
watermelon

sándwich (n) (m)
sandwich

sangre (n) (f)
blood

sano (adj)
healthy

sapo (n) (m)
toad

sartén (n) (f)
frying pan

seco (adj)
dry

sediento (adj)
thirsty

segundo (adj)
second

seguro (adj)
certain, safe, sure

sello (n) (m)
stamp

selva tropical (n) (f)
rain forest

semáforo (n) (m)
traffic light

semana (n) (f)
week

semicírculo (n) (m)
semicircle

semilla (n) (f)
seed

señal (n) (f)
sign

sencillo (adj)
plain, simple

sendero (n) (m)
path

sentido (n) (m)
sense

serpiente (n) (f)
snake

servilleta de papel (n) (f)
paper towel

siempre (adv)
always

significado (n) (m)
meaning

siguiente (adj)
next

silbato (n) (m)
whistle

silencioso (adj)
quiet

silla (n) (f)
chair

silla de montar (n) (f)
saddle

silla de playa (n) (f)
deck chair

silla de ruedas (n) (f)
wheelchair

sillón (n) (m)
armchair

silvestre (adj)
wild

símbolo (n) (m)
symbol

sin (prep)
without

sin hacer ruido (adv)
quietly

sino (conj)
but

sitio web (n) (m)
website

snowboard (n) (m)
snowboard

sobre (n) (m)
envelope

sobre (prep)
about, above, on

sobrino/sobrina (n) (m/f)
nephew/niece

sofá (n) (m)
sofa

sol (n) (m)
sun

solamente (adv)
only

soldado (n) (m)
soldier

soleado (adj)
sunny

sólido (n) (m)
solid

solo (adj)
alone

solo (adv)
just, only

sombra (n) (f)
shadow

sombrero (n) (m)
hat

sordo (adj)
deaf

sorprendente (adj)
surprising

sorpresa (n) (f)
surprise

sótano (n) (m)
basement

su/sus (de él) (adj) (sing/plu)
his

su/sus (de ella) (adj) (sing/plu)
her

su/sus (de ello) (adj) (sing/plu)
its

su/sus (adj) (sing/plu) (sing/plu)
their

suave (adj)
gentle, smooth

suavemente (adv)
gently

submarino (n) (m)
submarine

subterráneo (adj)
underground

sucio (adj)
dirty

suelo (n) (m)
floor

suelto (adj)
loose

sueño (n) (m)
dream

suéter (n) (m)
sweater

suficiente (adj)
enough

superficie (n) (f)
surface

supermercado (n) (m)
supermarket

sur (n) (m)
south

suyo/a/s (de él) (pron)
his

suyo/a/s (de ella) (pron)
hers

tabla de surf (n) (f)
surfboard

tablero (n) (m)
board

tal vez (adv)
maybe

tallo (n) (m)
stem

tamaño (n) (m)
size

también (adv)
also, too

tambor (n) (m)
drum

tapa (n) (f)
lid

tapete (n) (m)
rug

tarde (adv)
late

tarde (n) (f)
evening

tarea (n) (f)
homework

tarjeta (n) (f)
card

taxi (n) (m)
taxi

taza (n) (f)
mug, cup

tazón (n) (m)
bowl

té (n) (m)
tea

techo (n) (m)
ceiling

teclado (n) (m)
keyboard

tejado (n) (m)
roof

tela (n) (f)
cloth

teléfono (n) (m)
phone

teléfono celular (n) (m)
cellular phone

teléfono inteligente (n) (m)
smartphone

telescopio (n) (m)
telescope

televisión (n) (f)
television

tempestuoso (adj)
stormy

temporada (n) (f)
season

temprano (adv)
early

tenedor (n) (m)
fork

tenis (n) (m)
tennis

tenis de mesa (n) (m)
ping-pong

tercero (adj)
third

término (n) (m)
end, term

termómetro (n) (m)
thermometer

ternero (n) (m)
calf (animal)

terrible (adj)
terrible

tía (n) (f)
aunt

tiburón (n) (m)
shark

tiempo (n) (m)
time

tiempo (n) (m)
weather

tiempo libre (n) (m)
free time

tienda (n) (f)
store

tienda de campaña (n) (f)
tent

tierra (n) (f)
ground, land, soil

Tierra (n) (f)
Earth (planet)

tigre (n) (m)
tiger

tijeras (n) (f)
scissors

timbre (n) (m)
bell

tímido (adj)
shy

tío (n) (m)
uncle

tipo (n) (m)
kind, type

toalla (n) (f)
towel

tobillo (n) (m)
ankle

tobogán de agua (n) (m)
waterslide

todo (adj/pron)
all, everything

todo el mundo (pron)
everybody

tomate (n) (m)
tomato

tormenta (n) (f)
thunderstorm

tornado (n) (m)
tornado

tortuga (n) (f)
tortoise, turtle

tos (n) (f)
cough

tostadora (n) (f)
toaster

trabajo (n) (m)
job

tractor (n) (m)
tractor

tráfico (n) (m)
traffic

traje (n) (m)
suit

traje de baño (n) (m)
swimsuit

tranquilo (adj)
peaceful, quiet

transbordador (n) (m)
ferry

transporte (n) (m)
transport

tras (prep)
after

travieso (adj)
naughty

tren (n) (m)
train

tren eléctrico (n) (m)
train set

a
b
c
d
e
f
g
h
i
j
k
l
m
n
o
p
q
r
Ss
Tt
u
v
w
x
y
z

a
b
c
d
e
f
g
h
i
j
k
l
m
n
o
p
q
r
s

Tt
Uu
Vv
w
x
Yy
Zz

triángulo (n) (m)
triangle

trigo (n) (m)
wheat

trineo (n) (m)
sled, sleigh

tripulación (n) (f)
crew

triste (adj)
sad

trompa (n) (f)
trunk (of animal)

tronco (n) (m)
trunk (of tree)

tropical (adj)
tropical

tú (pron)
you

tubo (n) (m)
tube

tucán (n) (m)
toucan

túnel (n) (m)
tunnel

turista (n) (m/f)
tourist

ubicación (n) (f)
location

último (adj)
last

un/una (article) (m/f)
a, an

uña (n) (f)
nail

uniforme (n) (m)
uniform

uniforme escolar (n) (m)
school uniform

universidad (n) (f)
college

universo (n) (m)
universe

útil (adj)
useful

uva (n) (f)
grape

vaca (n) (f)
cow

vacaciones (n) (f)
vacation

vacío (adj)
empty

valiente (adj)
brave

vapor (n) (m)
steam

vaquero/vaquera (n) (m/f)
cowboy/cowgirl

vaqueros (n) (m)
jeans

varón (n) (m)
male

vaso (n) (m)
glass (drink)

vecino (n) (m)
neighbor

vegetariano/ vegetariana (n) (m/f)
vegetarian

vela (n) (f)
candle, sail (of boat)

velero (n) (m)
sailboat

vendedor/vendedora (n) (m/f)
shopkeeper

ventana (n) (f)
window

ventoso (n) (f)
windy

verano (n) (m)
summer

verbo (n) (m)
verb

verde (adj)
green

verdura (n) (f)
vegetable

vestíbulo (n) (m)
hall

vestido (n) (m)
dress

veterinario/veterinaria (n) (m/f)
vet

viaje (n) (m)
trip, journey

vida (n) (f)
life

videojuego (n) (m)
video game

viejo (adj)
old

viento (n) (m)
wind

violeta (adj)
purple

violín (n) (m)
violin

vosotros/vosotras (pron) (m/f, plu)
you

y (conj)
and (except before i/hi)

ya (adv)
already

yo (pron)
I (pron)

yogur (n) (m)
yogurt

Z

zanahoria (n) (f)
carrot

zapatilla (n) (f)
slipper

zapatillas deportivas (n) (f)
sneakers

zapato (n) (m)
shoe

zona (n) (f)
zone

zoo (n) (m)
zoo

zorro (n) (m)
fox

zurdo (adj)
left-handed

Speaking Spanish

In this dictionary, we have spelled out each Spanish word in a way that will help you pronounce it. Use this guide to understand how the word should sound when you say it. Some parts of a word are shown in capital letters. These parts need to be stressed.

Spanish letter	Pronunciation	Our spelling	Example
a	like **a** in c**a**t	**a** or **ah**	**casa** *KA-sa*
e	like **ea** in h**ea**d	**e**, **eh**, **ai**, or **ay**	**hermano** *air-MAH-noh*
i	like **e** in m**e**	**ee** or **e**	**comida** *ko-ME-da*
o	like **o** in l**o**ng	**o** or **oh**	**pelota** *pay-LO-tah*
u	like **oo** in g**oo**d	**oo**	**música** *MOO-see-kah*
j	like **h** in **h**appy but rougher	**H**	**jabón** *Hah-BON*
g (ga, go, gu)	like **g** in **g**et	**g**	**gato** *GAH-to*
g (ge, gi)	like **h** in **h**appy but rougher	**H**	**gente** *HEN-tay*
g (gue, gui)	like **g** in **g**et	**g**	**guerra** *GAY-rrah*
c (ca, co, cu)	like **c** in **c**at	**k**	**camino** *ka-ME-no*
c (ce, ci)	like **s** in **s**eat	**s**	**cebra** *SAY-bra*
qu	like **k** in **k**itten	**k**	**queso** *KAY-so*
ñ	like **ni** in o**ni**on	**n'y**	**niño** *NEE-n'yoh*
h	**h** is silent, except after "c"	**silent**	**hermana** *air-MAH-na*
ch	like **ch** in mu**ch**	**ch**	**mucho** *MOO-choh*
ll	like **lli** in mi**lli**on	**l'y**	**caballo** *kah-BAH-l'yo*
v	like **b** in **b**all	**b**	**vaca** *BAH-kah*

113

Verbs

This section gives a list of useful verbs (doing words). The most basic form of a verb is the infinitive (to ...). Especially useful verbs, such as "to be" (ser and estar) and "to have" (tener), are written out so that you can see how they change depending on who is doing the action: I = yo; you = tú, usted; he/she = él/ella; we = nosotros/as; you (plural) = ustedes; they = ellos/ellas.

In Spanish, you use the usted and ustedes forms of the verb when you want to be polite, especially with someone older than you.

Three of the most regular Spanish verbs are also written out: to speak = hablar, to eat = comer, and to live = vivir.

There is a reflexive verb written out too. Reflexive verbs are often used when you would say "myself" or "yourself" in English, eg., to wash oneself = lavarse.

to act
actuar
ack-too-AR

to agree
estar de acuerdo
ess-TAR deh ah-koo'ER-do

to ask
preguntar
preh-goon-TAR

to ask for
pedir
peh-DEER

to bake
hacer al horno
ah-SAIR ahl OR-no

to bark
ladrar
lah-DRAR

In Spanish there are two verbs for to be: *ser* and *estar*. *Ser* is used with your name, your profession, your nationality, and with descriptions; *estar* with positions and locations, states and conditions, and to make the "ing" form of verbs.

to be
(permanent characteristic)
ser
sair

I am
yo soy
yo soi

you are
tú eres
too EH-ress

he, she, (you polite) is
él, ella, (usted) es
ehl, EH-l'ya, (ooss-TEHD) ESS

we are
nosotros/as somos
noh-SO'H-tross/trahss SOH-mohs

they, (you plural) are
ellos, ellas, (ustedes) son
EH-l'yos/EH-l'yas/ (oos-TEH-dehs) SON

to be
(temporary quality)
estar
ess-STAR

I am
yo estoy
yo ess-TOI

you are
tú estás
too ess-TAS

he, she, (you polite) is
él, ella, (usted) está
ehl, EH-l'ya, (ooss-TEHD) ess-TAH

we are
nosotros/as estamos
noh-SOH-tross/trahss ess-TAH-mos

Hago pasteles **al horno**.
I **bake** cakes.

Simón **muerde** una manzana.
Simón **bites** an apple.

Infla un globo.
She blows up a balloon.

Lucas **limpia** el piso.
Lucas **cleans** the floor.

they, (you plural) are
ellos/ellas, (ustedes) están
EH-l'yos/EH-l'yas,
(oos-TEH-dehs) ess-TAN

to be able
poder
po-DAIR

to be born
nacer
nah-SAIR

to be called
llamarse
l'yah-MAR-seh

to be cold/hot
tener frío/calor
teh-NAIR FREE-o/
kah-LOR

to be hungry
tener hambre
teh-NAIR AHM-breh

to be scared of
tener miedo de
teh-NAIR
mee'EH-do deh

to be thirsty
tener sed
teh-NAIR sehd

to become
hacerse
ah-SAIR-seh

to begin
empezar
em-peh-SAR

to behave
comportarse
kom-por-TAR-seh

to believe
creer
kreh-AIR

to bend
doblar
do-BLAR

to bird-watch
observar los pájaros
ob-sair-BAR loss
PAH-Har-ross

to bite
morder
mor-DAIR

**to blow up
(a balloon)**
inflar (un globo)
in-FLAR

to borrow
tomar prestado
to-MAR press-TAH-do

to bounce
rebotar
reh-bo-TAR

to brake
frenar
freh-NAR

to break
romper
rom-PAIR

to breathe
respirar
rres-pee-RAR

to bring
traer
trah-AIR

to brush
cepillar
seh-pee-L'YAR

**to brush one's
teeth**
cepillarse los dientes
seh-pee-L'YAR-seh
los dee-EN-tehs

to build
construir
kons-troo-EER

to bump into
encontrarse
en-kon-TRAR-seh

to buy
comprar
kom-PRAR

to call
llamar
l'yah-MAR

to carry
llevar
l'yeh-BAR

to catch
coger
ko-HAIR

agarrar
ah-gah-RRAR

to cause
causar
kah'oo-SAR

to celebrate
celebrar
seh-leh-BRAR

to change
cambiar
kahm-BE'AR

**to charge
(a phone)**
cargar
kar-GAR

to check
comprobar
kom-pro-BAR

to choose
elegir
eh-leh-HEER

to clean
limpiar
lim-PEE'AR

Coge la pelota.
He **catches** the ball.

a

Bb

Cc

d

e

f

g

h

i

j

k

l

m

n

o

p

q

r

s

t

u

v

w

x

y

z

115

a
b

Cc
Dd

e
f
g
h
i
j
k
l
m
n
o
p
q
r
s
t
u
v
w
x
y
z

to clear
despejar
dess-peh-HAR

to climb
escalar
ess-kah-LAR

to close
cerrar
seh-RRAR

to collect
coleccionar
ko-lek-se'oh-NAHR

to come
venir
beh-NEER

to come back
volver
bol-BAIR

to come from
venir de
beh-NEER day

to compare
comparar
kom-pah-RAR

to complain
quejarse
keh-HAR-seh

to contain
contener
kon-teh-NAIR

to continue
continuar
kon-tee-NOO'AR

to cook
cocinar
ko-si-NAR

to copy
copiar
ko-PEE'AR

to cost
costar
kos-TAR

to count
contar
kon-TAR

to cover
cubrir
koo-BREER

to crack
abrir
ah-BREER

to crash
chocar
cho-KAR

to create
crear
kreh-AR

to cross
cruzar
kroo-SAR

to cry
llorar
l'yo-RAR

to cut
cortar
kor-TAR

to cut out
recortar
reh-kor-TAR

to cycle
montar en bicicleta
mon-TAR en be-se-KLAY-tah

to dance
bailar
bah'e-LAR

to decide
decidir
deh-see-DEER

to decorate
decorar
deh-ko-RAR

to describe
describir
dess-kree-BEER

to die
morir
mo-REER

to dig
excavar
eks-kah-BAR

to disappear
desaparecer
dess-ah-pah-reh-SAIR

to discover
descubrir
dess-koo-BREER

to dive (from poolside)
tirarse de cabeza
tee-RAR-say day kah-BEH-sah

to do
hacer
ah-SAIR

I do
yo hago
yo A-goh

you do
tú haces
too A-sses

he, she, (you polite) does
él, ella, (usted) hace
ehl, EH-l'ya, (ooss-TEHD) A-sseh

Cristina **baila** bien.
Cristina **dances** well.

Ana **cava** en la arena.
Ana **digs** in the sand.

*Esteban **dibuja**.*
*Esteban **draws**.*

we do
nosotros/as hacemos
noh-SOH-tross/trahss
a-SSEH-mos

they, (you plural) do
ellos/ellas, (ustedes) hacen
EH-l'yos/EH-l'yas,
(oos-TEH-dehs) A-ssen

to draw
dibujar
dee-boo-HAR

to dream
soñar
so-N'YAR

to dress up
disfrazarse
diss-frah-SAR-seh

to drink
beber
beh-BAIR

to drive
conducir
kon-doo-SEER

to dry
secar
say-KAR

to earn
ganar
gah-NAR

to eat
comer
ko-MAIR

I eat
yo como
yo KOH-moh

you eat
tú comes
too KOH-mes

he, she, (you polite) eats
él, ella, (usted) come
ehl, EH-l'ya, (ooss-TEHD)
KOH-meh

we eat
nosotros/as comemos
noh-SOH-tross/trahss
koh-MEH-mos

they, (you plural) eat
ellos/as, (ustedes) comen
EH-l'yos/EH-l'yas,
(oos-TEH-dehs) KOH-men

to encourage
animar
ah-nee-MAR

to enjoy
disfrutar
diss-froo-TAR

to escape
escapar
ess-kah-PAR

to explain
explicar
eks-plee-KAR

to fall
caer
kah-AIR

to fall down
caerse
kah-AIR-seh

to feed
dar de comer
DAR day ko-MAIR

to feel
sentir
sen-TEER

to fetch
traer
trah-AIR

to fight
pelear
peh-leh-AR

to fill
llenar
l'yeh-NAR

to find
encontrar
en-kon-TRAR

to find out
averiguar
ah-beh-ree-goo'AR

to finish
terminar
ter-mi-NAR

to fit
caber
kah-BAIR

to float
flotar
flo-TAR

to fly
volar
bo-LAR

a
b
c
Dd
Ee
Ff
g
h
i
j
k
l
m
n
o
p
q
r
s
t
u
v
w
x
y
z

*Yo **como** pastel de chocolate.*
*I'm **eating** chocolate cake.*

¡**Da de comer** a los perros!
Feed the dogs!

117

a
b
c
d
e
Ff
Gg
Hh
i
j
k
l
m
n
o
p
q
r
s
t
u
v
w
x
y
z

to fold
doblar
do-BLAR

to follow
seguir
seh-GHEER

to forget
olvidar
ol-be-DAR

to freeze
congelar
kon-Heh-LAR

to frighten
asustar
ah-soos-TAR

to garden
trabajar en el jardín
trah-bah-HAR en el Har-DEEN

to get
obtener
ob-teh-NAIR

to get on (a bus)
subirse
suh-BEER-seh

to get ready
prepararse
preh-pah-RAR-seh

to get up
levantarse
lev-an-TAR-seh

to give
dar
dar

to go
ir
eer

I go
yo voy
yo boi

you go
tú vas
too bass

he, she, (you polite) goes
él, ella, (usted) va
ehl, EH-l'ya, (ooss-TEHD) bah

we go
nosotros/as vamos
noh-SOH-tross/trahss BAH-mos

they, (you plural) go
ellos/as, (ustedes) van
EH-l'yos/EH-l'yas, (oos-TEH-dehs) BAN

to go camping
ir de camping
eer deh KAM-ping

to go on vacation
ir de vacaciones
eer deh bah-kah-SI'O-nes

to go out
salir
sah-LEER

to go shopping
ir de compras
eer deh KOM-prahs

to grow
crecer
kreh-SAIR

to guess
adivinar
ah-dee-be-NAR

to hang up (phone)
colgar
kol-GAR

to happen
suceder
soo-seh-DAIR

to hate
odiar
o-DEE'AR

to have
tener
teh-NAIR

I have
yo tengo
yo TEN-goh

you have
tú tienes
too TEE'EH-nes

he, she, (you polite) has
él, ella, (usted) tiene
ehl, EH-l'ya, (ooss-TEHD) TEE'EH-ne

we have
nosotros/as tenemos
noh-SOH-tross/trahss teh-NEH-mos

they, (you plural) have
ellos/as, (ustedes) tienen
EH-l'yos/EH-l'yas, (oos-TEH-dehs) TEE'EH-nen

to have a bath
bañarse
bah-N'YAR-seh

to have a shower
ducharse
doo-CHAR-seh

to have breakfast
desayunar
dess-ah-yoo-NAR

to have dinner
cenar
seh-NAR

Dobla el papel.
Fold the paper.

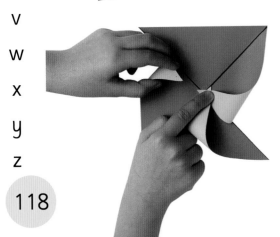

Carlos **desayuna** huevos.
Carlos **has** eggs for **breakfast**.

to have fun
divertirse
dee-bair-TEER-seh

to hear
oír
o-EER

to help
ayudar
ah-yoo-DAR

to hide
esconder
ess-kon-DAIR

to hit
pegar
peh-GAR

to hold
sujetar
soo-He-TAR

to hop
dar saltos
DAR SAHL-tos

to hope
esperar
ess-peh-RAR

to hurry
darse prisa
dar-seh PREE-sah

to hurt (oneself)
hacerse daño
ah-SAIR-seh
DAH-n'yo

to imagine
imaginar
ee-mah-He-NAR

to include
incluir
in-kloo-EER

to inspire
inspirar
ins-pee-RAR

to invent
inventar
in-ben-TAR

María se está divirtiendo.
María is having fun.

to invite
invitar
in-be-TAR

to join
unirse
oo-NEER-seh

to jump
saltar
sahl-TAR

to keep
mantener
mahn-teh-NAIR

to keep warm
abrigar
ah-bree-GAR

to kick
dar una patada
DAR OO-nah
pah-TAH-dah

to kill
matar
mah-TAR

to kiss
besar
beh-SAR

to know
saber
sah-BAIR

to land (in a plane)
aterrizar
ah-te-rree-SAR

to last
durar
doo-RAR

to laugh
reírse
reh-EER-seh

to lead
dirigir
dee-ree-HEER

to learn
aprender
ah-pren-DAIR

to lie
mentir
men-TEER

to lift
levantar
leh-bahn-TAR

to like
gustar
goos-TAR

to listen (to)
escuchar
ess-koo-CHAR

to live
vivir
bee-BEER

I live
yo vivo
yo BEE-boh

you live
tú vives
too BEE-bes

he, she, (you polite) lives
él, ella, (usted) vive
ehl, EH-l'ya, (ooss-TEHD)
BEE-beh

we live
nosotros/as vivimos
noh-SOH-tross/trahss
bee-BEE-mos

they, (you plural) live
ellos/ellas, (ustedes) viven
EH-l'yos/EH-l'yas,
(oos-TEH-dehs) BEE-ben

to lock
cerrar con llave
say-RRAR kon
L'YA-bay

a
b
c
d
e
f
g
Hh
Ii
Jj
Kk
Ll
m
n
o
p
q
r
s
t
u
v
w
x
y
z

Las ranas **saltan** por el aire.
Frogs **jump** through the air.

119

a

to look
mirar
mee-RAR

b

c

to look for
buscar
boos-KAR

d

to lose
perder
pair-DAIR

e

to love
querer
keh-RAIR

f

g

amar
ah-MAHR

h

to make
hacer
ah-SAIR

i

j

k

to make a wish
pedir un deseo
*peh-DEER oon
deh-SEH-o*

Ll

Mm

to make friends
hacer amigos
ah-SAIR ah-MEE-gos

Nn

Oo

to marry
casarse
kah-SAR-seh

Pp

q

to mean
querer decir
keh-RAIR deh-SEER

r

s

t

u

v

w

x

y

z

to measure
medir
meh-DEER

to meet
quedar con
keh-DAR kon

encontrarse con
en-kon-TRAR-seh

to mix
mezclar
mes-KLAR

to move
mover
mo-BAIR

to need
necesitar
neh-seh-see-TAR

to not feel well
encontrarse mal
en-kon-TRAR-seh mahl

to notice
notar
no-TAR

to offer
ofrecer
o-freh-SAIR

to open
abrir
ah-BREER

Rosa **abre**
la puerta.
Rosa **opens**
the door.

to own
tener
teh-NAIR

to pack
hacer la maleta
ah-SAIR lah mah-LEH-tah

to paint
pintar
pin-TAR

to pay
pagar
pah-GAR

to persuade
persuadir
pair-soo'ah-DEER

to pick up
recoger
rreh-ko-HAIR

to plan
planear
plah-neh-AR

to plant
plantar
plahn-TAR

Eva **mira** cuidadosamente.
Eva **looks** carefully.

¿Sabes **pintar** un cuadro?
Can you **paint** a picture?

to play
jugar
Hoo-GAR

to play an instrument
tocar un instrumento
to-KAR oon in-stroo-MEN-to

to point
apuntar
ah-poon-TAR

to pour
echar
eh-CHAR

to practice
practicar
prak-tee-KAR

to predict
predecir
preh-deh-SEER

to prefer
preferir
preh-feh-REER

to prepare
preparar
preh-pah-RAR

to press
apretar
ah-preh-TAR

to pretend
fingir
feen-HEER

to print
imprimir
im-pree-MEER

to produce
producir
pro-doo-SEER

to program
programar
pro-grah-MAR

to promise
prometer
pro-meh-TER

to protect
proteger
pro-teh-HAIR

to provide
proporcionar
pro-por-see'o-NAR

to pull
tirar
tee-RAR

to push
empujar
em-poo-HAR

to put
poner
po-NAIR

to put away
guardar
goo'ar-DAR

to rain
llover
l'yo-BAIR

to reach
alcanzar
ahl-kahn-SAR

to read
leer
leh-AIR

to realize
darse cuenta
DAR-seh KOO'EN-tah

to recognize
reconocer
rreh-ko-no-SAIR

to refuse
rechazar
rreh-chah-SAR

to relax
relajarse
rreh-lah-HAR-seh

to remain
quedar
keh-DAR

to remember
recordar
rreh-kor-DAR

a
b
c
d
e
f
g
h
i
j
k
l
m
n
o
Pp
q
Rr
s
t
u
v
w
x
y
z

¡**Echa** el agua con cuidado!
Pour the water carefully!

Raquel **lee** su libro.
Raquel **reads** her book.

121

to repair
reparar
rreh-pah-RAR

to rest
descansar
dess-kahn-SAR

to return
regresar
rreh-greh-SAR

to ride a bicycle
montar en bicicleta
mon-TAR en
be-se-KLAY-tah

to ride a horse
montar a caballo
mon-TAR ah
kah-BAH-l'yo

to roll
enrollar
en-ro-L'YAR

to rub
frotar
fro-TAR

to run
correr
kor-RRER

to run after
perseguir
pair-seh-GEER

Rr

to save
ahorrar
ah-o-RRAR

Ss

to say
decir
deh-SEER

**to score
(a goal)**
marcar
mar-KAR

to scratch
rascar
rahs-KAR

to search
buscar
boos-KAR

to see
ver
BAIR

to seem
parecer
pah-reh-SAIR

to sell
vender
ben-DAIR

to send
enviar
en-be-AR

to set the table
poner la mesa
po-NAIR lah MEH-sah

to share
compartir
kom-par-TEER

Pablo **corre** rápido.
Pablo **runs** fast.

to shine
brillar
bree-L'YAR

to shout
gritar
gree-TAR

to show
mostrar
moss-TRAR

to sing
cantar
kahn-TAR

to sit
estar sentado/a
ess-TAR sen-TAH-do/ah

to sit down
sentarse
sen-TAR-seh

to skate
patinar
pah-tee-NAR

to ski
esquiar
ess-kee-AR

to sleep
dormir
dor-MEER

to slide
resbalar
rress-ba-LAR

to slip
resbalar
rress-ba-LAR

to smell
oler
o-LAIR

a b c d e f g h i j k l m n o p q r s t u v w x y z

Ana **parece** contenta.
Ana **seems** happy.

Mónica **monta** su caballo.
Mónica **rides** her horse.

to smile
sonreír
son-reh-EER

to snow
nevar
neh-BAR

to sound (like)
sonar (como)
so-NAR (KOH-mo)

to speak
hablar
ah-BLAR

I speak
yo hablo
yo AH-bloh

you speak
tú hablas
too AH-blas

he, she, (you polite) speaks
él, ella, (usted) habla
ehl, EH-l'ya, (ooss-TEHD) AH-blah

we speak
nosotros/as hablamos
noh-SOH-tross/trahss ah-BLAH-mos

Ángel **está durmiendo**.
Ángel **is sleeping**.

they, (you plural) speak
ellos/ellas, (ustedes) hablan
EH-l'yos/EH-l'yas, (oos-TEH-dehs) AH-blan

to spell
deletrear
deh-leh-treh-AR

to spin
dar vueltas
DAR boo'EL-tahs

to spread
extender
eks-ten-DAIR

untar
oon-TAR

to stand
estar de pie
ess-TAR day PEE'EH

to stand up
ponerse de pie
po-NAIR-seh day PEE'EH

to start
empezar
em-peh-SAR

to stay
quedarse
keh-DAR-seh

to stick
pegar
peh-GAR

to sting
picar
pee-KAR

to stop
parar
pah-RAR

to stretch
estirar
ess-tee-RAR

to study
estudiar
ess-too-DEE'AR

to surf
hacer surf
ah-SAIR soorf

to surprise
sorprender
sor-pren-DAIR

to survive
sobrevivir
so-breh-be-BEER

to swim
nadar
nah-DAR

Lucía le **grita** a su amigo.
Lucía **shouts** at her friend.

Marcia **unta** el chocolate en los pasteles.
Marcia **spreads** chocolate on the cakes.

a
b
c
d
e
f
g
h
i
j
k
l
m
n
o
p
q
r
Ss
t
u
v
w
x
y
z

123

a b c d e f g h i j k l m n o p q r s **Tt** **Uu** v w x y z

La niña **saca una foto**.
The girl **takes** a photo.

to take
tomar
to-MAR

to take photos
sacar fotos
sah-KAR FOH-toss

to take away
quitar
kee-TAR

to take care of
cuidar
koo'ee-DAR

to take turns
hacer turnos
ah-SAIR TOOR-nos

to talk
hablar
ah-BLAR

to tape
grabar
grah-BAR

to taste
probar
pro-BAR

to teach
enseñar
en-seh-N'YAR

to tease
tomar el pelo
to-MAR el PEH-lo

to tell
contar
kon-TAR

to tell a story
contar una historia
kon-TAR OO-nah iss-TOH-ree'ah

to tell the time
decir la hora
deh-SEER lah O-rah

to thank
agradecer
ah-grah-deh-SAIR

to think
pensar
pen-SAR

to throw
tirar
tee-RAR

to tie
atar
ah-TAR

to touch
tocar
to-KAR

to train
entrenar
en-treh-NAR

to translate
traducir
trah-doo-SEER

to travel
viajar
be'ah-HAR

to treat (well)
tratar (bien)
trah-TAR (BE'EN)

to try
intentar
in-ten-TAR

to try on
probar
pro-BAR

to turn
girar
Hee-RAR

to twist
retorcer
rreh-tor-SAIR

to type
escribir a máquina
ess-kree-BEER ah MAH-kee-nah

to understand
entender
en-ten-DAIR

to undo
deshacer
dess-ah-SAIR

to undress
desnudarse
dess-noo-DAR-seh

¡**Tira** el balón, Luis!
Throw the ball, Luis!

Isabel **está pensando**.
Isabel **is thinking**.

to unpack
deshacer la maleta
deh-ssah-SAIR lah
mah-LEH-tah

to use
usar
oo-SAR

to visit
visitar
be-see-TAR

to wait
esperar
ess-peh-RAR

to wake up
despertarse
dess-pair-TAR-seh

to walk
andar
ahn-DAR

to want
querer
keh-RAIR

I want
yo quiero
yo KEE'EH-roh

Laura **lava** los platos.
Laura **does** the dishes.

you want
tú quieres
too KEE'EH-rays

he, she, (you polite) wants
él, ella, (usted) quiere
ehl, EH-l'ya, (ooss-TEHD) KEE'EH-ray

we want
nosotros/as queremos
noh-SOH-tross/trahss ke-RAY-mos

they, (you plural) want
ellos, ellas, (ustedes) quieren
EH-l'yos/EH-l'yas, (oos-TEH-dehs) KEE'EH-ren

to warm
calentarse
kah-len-TAR-seh

to wash
lavar
lah-BAR

to wash (oneself)
lavarse
lah-BAR-seh

I wash myself
yo me lavo
yo meh LAH-boh

you wash yourself
tú te lavas
too teh LAH-bas

he, she, (you polite) washes himself
él, ella, (usted) se lava
ehl, EH-l'ya, (ooss-TEHD) seh LAH-bah

we wash ourselves
nosotros/as nos lavamos
noh-SOH-tross/trahss nos lah-BAH-mos

they, (you plural) wash themselves
ellos/ellas, (ustedes) se lavan
EH-l'yos/EH-l'yas, (oos-TEH-dehs) se LAH-ban

to wash the dishes
lavar los platos
la-BAR los PLAH-tos

to watch
ver
BAIR

mirar
mee-RAR

to wave
saludar
sah-loo-DAR

to wear
llevar (puesto)
l'ye-BAR (poo'ESS-to)

to weigh
pesar
peh-SAR

to whisper
susurrar
soo-soor-RRAR

to win
ganar
gah-NAR

to wish
desear
deh-seh-AR

to wonder
preguntarse
preh-goon-TAR-seh

to work
trabajar
trah-bah-HAR

to work (function)
funcionar
foon-si'o-NAR

to wrap
envolver
en-bol-BAIR

to write
escribir
ess-kree-BEER

Jaime **escribe** un correo electrónico.
Jaime **writes** an email.

Eduardo **escribe** en su diario.
Eduardo **writes** in his diary.

a
b
c
d
e
f
g
h
i
j
k
l
m
n
o
p
q
r
s
t
Uu
Vv
Ww
x
y
z

125

Frases útiles
Useful phrases

yes
sí
see

no
no
no

hello
hola
O-lah

goodbye
adiós
a-DE'OS

see you later
hasta luego
AS-ta LOO'EH-go

please
por favor
POR fah-BOR

thank you
gracias
GRAH-se'ahs

excuse me
perdón
pair-DON

I'm sorry
lo siento
lo SEE'EN-toh

my name is...
me llamo...
meh L'YAH-moh

I live in...
vivo en...
BEE-bo en

I am...years old.
tengo...años.
TEN-goh...AH-n'yos

I don't understand
no comprendo
noh kom-PREN-doh

I don't know
no sé
no SEH

very well
muy bien
MOO'EE BE'EN

Learn the days of the week

Monday
lunes
LOO-ness

Tuesday
martes
MAR-tess

Wednesday
miércoles
MEE'ER-koh-less

Thursday
jueves
HOO'EH-bess

Friday
viernes
BE'AIR-ness

Saturday
sábado
SAH-ba-doh

Sunday
domingo
do-MEEN-goh

very much
mucho
MOO-choh

I (don't) like...
(no) me gusta
(no) meh GOOS-tah

Let's go!
¡Vamos!
BAH-moss

Happy birthday!
¡Feliz cumpleaños!
fay-LEES koom-play-AH-n'yos

Hola, me llamo Gabriel.

How are you?
¿Cómo estás?
KOH-moh es-TASS

What is your name?
¿Cómo te llamas?
KOH-moh tay L'YAH-mas

Do you speak English?
¿Hablas inglés?
AH-blahs een-GLESS

Do you like...?
¿Te gusta...?
teh GOOS-ta

Do you have...?
¿Tienes...?
TE'EH-nes

Can I have...?
¿Me das...?
meh DAS

How much...?
¿Cuánto...?
KOO'AHN-toh

What's that?
¿Qué es eso?
KEH ESS E-sso

How many...?
¿Cuántos/Cuántas...?
KOO'AHN-toss/KOO'AHN-tass

Can you help me?
¿Me puedes ayudar?
meh POO'EH-des a-yoo-DAR

What time is it?
¿Qué hora es?
KAY oh-ra ES

Help!
¡Socorro!
so-KOR-rro

Stop!
¡Para!
PAH-rah

turn right/left
gira a la derecha/
a la izquierda
*HEE-rah a lah day-RAY-chah/ a
la ees-KE'AIR-dah*

go straight ahead
sigue recto
SEE-gay RREK-toh

in front of
delante de
day-LAHN-teh day

next to
al lado de
ahl LAH-do day

Where is/are...?
¿Dónde está/están...?
DON-deh es-TAH/es-TAHN

¡Vamos!

Learn the months of the year

January
enero
en-NEH-roh

February
febrero
fe-BREH-roh

March
marzo
MAR-soh

April
abril
a-BREEL

May
mayo
MAH-yoh

June
junio
HOO-ne'oh

July
julio
HOO-le'oh

August
agosto
a-GOS-toh

September
septiembre
sep-TEE'EM-breh

October
octubre
ok-TOO-breh

November
noviembre
no-BEE'EM-breh

December
diciembre
dee-SEE'EM-breh

Los números
Numbers

0 cero
SEH-roh
zero

1 uno
OO-noh
one

2 dos
DOSS
two

3 tres
TRESS
three

4 cuatro
KOO'AH-troh
four

5 cinco
SEEN-koh
five

6 seis
SAYSS
six

7 siete
SEE'EH-teh
seven

8 ocho
O-choh
eight

9 nueve
NOO'EH-beh
nine

10 diez
DE'ES
ten

11 once
ON-seh
eleven

12 doce
DOH-seh
twelve

13 trece
TREH-seh
thirteen

14 catorce
ka-TOR-seh
fourteen

15 quince
KEEN-seh
fifteen

16 dieciséis
de'eh-see-SAYSS
sixteen

17 diecisiete
de'eh-see-SEE'EH-teh
seventeen

18 dieciocho
de'eh-see-O-cho
eighteen

19 diecinueve
de'eh-see-NOO'EH-beh
nineteen

20 veinte
BAYN-teh
twenty

21 veintiuno
bayn-tee'OO-noh
twenty-one

30 treinta
TRAYN-ta
thirty

40 cuarenta
koo'ah-REN-ta
forty

50 cincuenta
seen-KOO'EN-ta
fifty

60 sesenta
say-SEN-ta
sixty

70 setenta
say-TEN-tah
seventy

80 ochenta
o-CHEN-ta
eighty

90 noventa
noh-BEN-ta
ninety

100 cien
SEE'EN
one hundred

Acknowledgments

DK would like to thank Polly Goodman for proofreading.

The publisher would like to thank the following for their kind permission to reproduce their photographs:
(Key: a-above; b-below/bottom; c-center; f-far; l-left; r-right; t-top)
25 Dreamstime.com: Ilya Genkin (tc).

26-27 Dreamstime.com: Pressureua (c). Fotolia: Pablo Scapinachis / Arquiplay (ca). 29 Dreamstime. com: Buriy (tc); Marzanna Syncerz (cr). 31 www. aviationpictures.com/Austin J. Brown 1983 (tl); 31 Courtesy of FSTOP Pte. Ltd., Singapore (tc); 43 Dreamstime.com: Grafner (crb). 54 Corbis/Ronnie Kaufman (br); 55 Corbis/Craig Tuttle (tr); 55 Zefa/J. Jaemsen (cl); 55 Zefa/J. Jaemsen (cr); 55 Powerstock (bl); 72 Getty Images/Stone/Stuart Westmorland (tl); 82 Indianapolis Motor Speedway Foundation, Inc.

(cb); 91 David Edge (tc); 91 Courtesy of Junior Department, Royal College of Music, London (br). **Cover images:** *Front:* **Getty Images:** DAJ (c); **Warren Photographic Limited:** (br); *Back:* **Dorling Kindersley:** Jerry Young (cl); *Spine:* **Dreamstime.com:** Roland Nagy / Fazon1

All other images © Dorling Kindersley.
For further information see
www.dkimages.com